Guido Schryen, Jan Herstell, Markus Schoenen

Online-Marktforschung im Mittelstand

WIRTSCHAFTSINFORMATIK

Guido Schryen, Jan Herstell, Markus Schoenen

Online-Marktforschung im Mittelstand

Analyse von Konsumentenverhalten in 3D-Internet-Welten

Unter Mitarbeit von
Birgit Heinrichs und Reimar Hoven

Deutscher Universitäts-Verlag

Bibliografische Information Der Deutschen Bibliothek
Die Deutsche Bibliothek verzeichnet diese Publikation in der Deutschen Nationalbibliografie; detaillierte bibliografische Daten sind im Internet über <http://dnb.ddb.de> abrufbar.

1. Auflage Oktober 2003

Lektorat: Ute Wrasmann / Dr. Tatjana Rollnik-Manke

Der Deutsche Universitäts-Verlag ist ein Unternehmen der Fachverlagsgruppe BertelsmannSpringer.
www.duv.de

Umschlaggestaltung: Regine Zimmer, Dipl.-Designerin, Frankfurt/Main

Gedruckt auf säurefreiem und chlorfrei gebleichtem Papier

ISBN-13:978-3-8244-2169-5 e-ISBN-13:978-3-322-81228-5
DOI: 10.1007/978-3-322-81228-5

Vorwort

Das vorliegende Buch entstand im Rahmen des Forschungsprojekts BENEVIT, das von der Stiftung Industrieforschung gefördert wurde. Ihr haben wir nicht nur die Existenz des Projekts zu verdanken, sondern sie hat auch diese Publikation möglich gemacht.

Ein derartiges Praxisprojekt konnte sicherlich nicht allein von den Autoren geschultert werden, vielmehr waren zahlreiche Personen und Institutionen involviert, die das Projekt mitgetragen haben.

Zunächst sei Herrn Prof. Bastian gedankt, der uns einerseits den akademischen Freiraum ließ, neue Ideen ohne Erfolgsgarantie zu testen, und andererseits auch bei der Umsetzung in die Praxis eine große Hilfe war.

Herr Dr. Lorenz Determann und die Dialego AG haben das Projekt im Jahr 2000 initiiert, ihre kreative Idee hat den Stein ins Rollen gebracht.

Ein großer Dank gilt all unseren Kooperationspartnern, die uns beim Transfer in die mittelständische Praxis geholfen haben. Herausgehoben seien die Industrie- und Handelskammer zu Aachen, sowie die Franz Zentis GmbH & Co. KG, die uns bei der Durchführung eines empirischen Feldtests von unschätzbarem Wert war.

Von unseren studentischen Kollegen Ellen Tholen, Birgit Heinrichs und Reimar Hoven haben wir nicht nur massive fachliche Unterstützung erhalten, sie haben auch entscheidend zur fröhlichen und angenehmen Projektatmosphäre beigetragen. Birgit Heinrichs hat mit Gelassenheit souverän das Lektorat bei Publikationen und diesem Buch übernommen, Reimar Hoven war unser unersetzlicher Programmier-Guru.

Ein weiterer großer Dank gilt dem Deutscher Universitäts-Verlag, insbesondere Frau Ute Wrasmann und Frau Dr. Tatjana Rollnik-Manke. Sie haben trotz diverser widriger Umstände mit außerordentlicher Unterstützung diese Publikation ermöglicht.

Guido Schryen
Jan Herstell
Markus Schoenen

Inhaltsverzeichnis

Abbildungsverzeichnis

Tabellenverzeichnis

1 Einleitung

Marktforschung zählt gerade in Zeiten schwacher konjunktureller Rahmenbedingungen zu den ersten Opfern betriebswirtschaftlicher Aktivitäten. Insbesondere kleine und mittelständische Unternehmen verzichten auf Budgets für Befragungen und den kostspieligen Betrieb von Laborumgebungen. Auch die Fremdvergabe an Marktforschungsunternehmen erfolgt immer seltener. Dabei erfordert Marktforschung nicht notwendigerweise die Investition immenser Summen, wenn mit Hilfe des Internets und dort realisierter Virtueller Welten ein neuer Weg der Marktforschung beschritten wird.

Methodisch bieten sich offensichtlich Befragungen mit Hilfe von Internet-Fragebögen an, die mit multimedialen Elementen unterlegt sein können. Darüber hinaus steckt weitaus mehr Potential in der Beobachtung von Probanden, die mit Eingabegeräten wie Tastatur oder Maus durch Virtuelle Welten, z.B. 3D-Supermärkte, navigieren. Hier lassen sich computergestützt und feingranular die Laufwege der Probanden beobachten, das Interesse an einer bestimmten Seite einer Produktverpackung erfassen und das Kaufverhalten erkennen.

Neben den methodischen Optionen treten Vorteile hinsichtlich des Probandenspektrums auf: geographische und zeitliche Beschränkungen werden obsolet, Virtuelle Supermärkte können 24h an weltweit jedem Webterminal besucht werden. Verbunden mit der elektronischen Aufzeichnung von Marktforschungsaktivitäten und dem somit vermeidbaren Medienbruch können sich daraus Kostenvorteile und Zeiteinsparungen bei der Auswertung ergeben.

Zur systematischen Untersuchung dieser Optionen führte der Lehrstuhl für Wirtschaftsinformatik und Operations Research der Rheinisch-Westfälischen Technischen Hochschule Aachen das Forschungsprojekt BENEVIT (Beschreibung von Nutzeraktivitäten in Virtuellen Test-Umgebungen) durch, dessen Ergebnisse sich im vorliegenden Buch dokumentiert finden. Ein wesentlicher Leitgedanke des Projekts war stets die Berücksichtigung der Praxisrelevanz und -nähe zu kleinen und mittelständischen Unternehmen und die damit verbundene Durchgängigkeit der Aktivitäten, die sich im „roten Faden" der Empirie, der Konzeption und der Realisierung ausdrückt:

Kapitel 2 ordnet das Projekt bzw. den Untersuchungsgegenstand zunächst in das Marktforschungsumfeld ein und beschreibt die konkreten Zielsetzungen. Zur Erreichung dieser Zielsetzungen wurden Arbeitspakete definiert, die mit ihren Inhalten und Abhängigkeiten in Kapitel 3 erläutert werden. Das Ergebnis einer anfänglich durchgeführten empirischen Studie zur Potentialabschätzung wird in Kapitel 4 dargestellt. Die Konzeption eines Standards zur Erfassung von marktforschungsrelevanten Benutzeraktivitäten sowie die Auswahl geeigneter Marktforschungsmethoden wird in Kapitel 5 thematisiert. Kapitel 6 illustriert detailliert die prototypische Realisierung einer internetbasierten Marktforschungsumgebung mit softwaretechnischem Fokus. Das entstandene Gesamtsystem wurde zusammen mit einem Süßwarenhersteller im Rahmen eines Feldtests untersucht; die Ergebnisse hierzu finden sich in Kapitel 7. Kapitel 8 bietet einen Überblick über Präsentationen und Publikationen, die während der Laufzeit des Forschungsprojektes erfolgten. Resümierend und ausblickend verabschieden sich die Autoren in Kapitel 9.

2 Umfeld und Zielsetzung

2.1 Umfeld

Die Marktforschung muss bei sich ständig verkürzenden Produktlebenszyklen sowie wachsenden Kundenanforderungen Antworten auf Marketingfragen in immer kürzerer Zeit zu geringeren Kosten und in besserer Qualität liefern. Marktforscher in Marktforschungsinstituten wie auch in unternehmenseigenen Marktforschungsabteilungen werden in den nächsten Jahren nach neuen Methoden suchen, um diese steigenden Anforderungen erfüllen zu können.

In diesem Zusammenhang bietet der Einsatz innovativer Technologien und hier insbesondere Virtueller Realitäten sowie das Internet unter Kosten-, Qualitäts- und Geschwindigkeitsaspekten neue Möglichkeiten. Diese ergänzen bestehende Methoden und bieten insbesondere kleinen und mittleren Unternehmen (KMU) im Bereich der Marktforschung die Möglichkeit zur kosteneffizienten Beschaffung von Informationen über Kunden und Märkte, um regional und international wettbewerbsfähig agieren zu können.

Die Vorzüge internetgestützter Methoden gegenüber herkömmlichen Erhebungsmethoden sind:

- Multimediaunterstützung: Die multimedialen Möglichkeiten der Erhebung über das World Wide Web (WWW) gehen wesentlich über die Möglichkeiten der klassischen Methoden von „Papier und Bleistift"-Befragungen hinaus. Wesentliche Neuerungen ergeben sich durch den Einsatz verschiedener Medien (Text, Bild, Ton, Video) in einem Online-Fragebogen, wie beispielsweise im Rahmen einer Videopräsentation eines neuen Werbespots oder einer neuen Produktverpackung. Mit dem Fragebogen kann die Möglichkeit zur Interaktion verbunden sein, zum Beispiel kann die Produktverpackung von allen Seiten betrachtet werden.
- Zeitunabhängigkeit: Es besteht die Möglichkeit der kontinuierlichen Erhebung, da die Informationen im WWW permanent zum Abruf bereitstehen.
- Höhere Geschwindigkeit: Fragebögen müssen nicht gedruckt und verschickt werden. Zudem erfolgen die Rückläufe schneller. Die Daten stehen bereits nach der Beantwortung der letzten Frage zur Auswertung zur Verfügung. Bei der Durchführung von Online-Experimenten entfällt ferner die Anreisezeit der Probanden.

- Geringere Kosten: Befragungen werden auf dem Bildschirm des Nutzers durchgeführt. Die Kosten für einen persönlichen Interviewer bzw. für die Verteilung und Einsammlung der Fragebögen entfallen ganz oder werden zumindest gesenkt. Die Daten liegen direkt in elektronischer Form vor.
- Räumliche Unabhängigkeit: Teilnehmer sind ohne besonderen Mehraufwand global erreichbar.
- Vermeidung von Medienbrüchen: Für die Erhebung und Berichterstattung wird das gleiche Medium (Internet, Intranet, Extranet) genutzt. Auch klassische Erhebungen (per Telefon oder persönlichem Interview) können mit dem System unterstützt und über Internetprotokolle abgewickelt werden.
- Automatisierbarkeit: Aufgrund der technischen Charakteristika des WWW sind eine automatische Umfragedurchführung und Analyse sowie die Generierung von Protokollen des Untersuchungsprozesses möglich.
- Hohe Datenqualität: Der Einsatz von Prüfmechanismen bewirkt, dass der Datensatz ausschließlich qualitativ hochwertige Informationen enthält.

Insbesondere die multimediale und dreidimensionale Unterstützung mit Hilfe von Internet-Technologien sowie die damit verbundenen methodischen Erweiterungen der herkömmlichen Marktforschung sind bisher unzureichend erforscht. Fragebögen können durch die Nutzung der multimedialen Fähigkeiten moderner Rechner um eine dritte Dimension zu Virtuellen Realitäten erweitert werden. Damit werden umfangreiche Online-Experimente in Form von Virtuellen Supermärkten realisierbar. Analog zu klassischen Labortests, in denen Experimente bereits in Virtuellen Realitäten durchgeführt werden, sind auf diese Weise Storetests und Produkttests möglich, bei denen der Proband in Virtuellen Supermärkten einkauft und neue oder veränderte (virtualisierte) Produkte kennenlernt.

Ein wesentliches Merkmal dieser Tests ist, dass eine Beobachtung der Aktivitäten des Probanden (Produkt ansehen, Rückseite der Verpackung anschauen etc.) durch die Aufzeichnung der Navigation im Raum medieninhärent möglich wird. Die Online-Befragung des Käufers schließt sich in einem solchen Szenario üblicherweise an den Besuch im Virtuellen Supermarkt an.

Vor diesem Szenario widmet sich das Forschungsprojekt insbesondere der Frage, in welcher Weise die marktforschungsrelevanten Aktivitäten eines Benutzers bzw. Probanden in Virtuellen Welten in einheitlicher Form protokolliert, analysiert und präsentiert werden können. Die technische Plattform des Forschungsprojektes basiert auf der Internet-Technologie. Hier werden insbesondere WWW-Browser (Netscape Navigator, Internet Explorer, o.ä.), die Modellierungssprache VRML (Virtual Reality Modeling Language) sowie Browser-Plug-Ins zur Darstellung der Testumgebungen benötigt.

2.2 Zielsetzung

Die Marktforschung erhebt Daten unter anderem durch die Beobachtung von Konsumenten. Die Anwendung dieser Methode in Virtuellen Welten wurde bisher weitgehend vernachlässigt. Insbesondere stellen sich die Probleme, dass es derzeit

- keine Standards zur Protokollierung der Aktivitäten von Probanden gibt und dass
- keine Schnittstelle zwischen Virtuellen Umgebungen und marktforschungs-orientierten Analysemethoden existiert.

Das Projekt möchte diese Lücke schließen und hat somit einen hohen Innovationsgrad. Als Teilziele werden dazu die folgenden angestrebt:

- Entwicklung eines Standards zur Protokollierung von Konsumentenaktivitäten in Virtuellen Umgebungen, im folgenden BENEVIT genannt (Beschreibung von Nutzeraktivitäten in Virtuellen Test-Umgebungen)
- Realisierung und Implementierung dieses Standards bzgl. Virtueller Welten, die mittels der standardisierten Internetsprache *Virtual Reality Modeling Language* (VRML) erzeugt wurden
- Ankopplung an ein Data Warehouse zur Analyse und Präsentation der erhobenen Daten
- Durchführung eines Feldtests.

Die Einbettung in eine Analyse- und Reporting-Umgebung ist unerlässlich, da die erhobenen Daten für die Interpretation aggregiert und statistisch ausgewertet werden müssen.

Die auf dem vorgeschlagenen Standard realisierte Systemlösung soll insbesondere kleine und mittlere Unternehmen in die Lage versetzen, Marktforschung durchführen zu können oder die bisher eingesetzten Verfahren der Marktforschung um multimediale Technologien zu erweitern, und so ihre Wettbewerbsfähigkeit stärken.

3 Vorgehensweise

Mit der beschriebenen Zielsetzung ergeben sich Aufgabenstellungen im empirischen, konzeptionellen und realisierenden (implementierenden) Bereich (s. Abbildung 1). Diese haben sowohl marktforscherischen als auch informatischen Charakter, was die vorliegende Interdisziplinarität aufzeigt. Die zwischen den im Folgenden erläuterten Projektpaketen existierenden Ergebnisflüsse und Abhängigkeiten werden in der Abbildung durch gestrichelte Kanten symbolisiert.

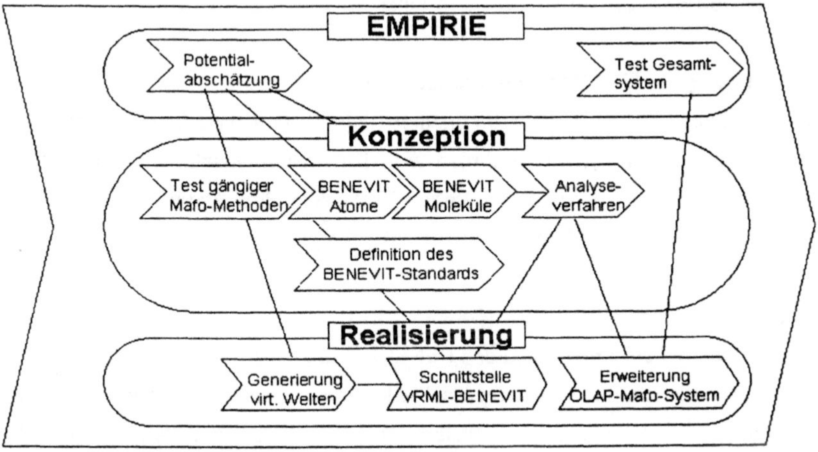

Abbildung 1: Ebenen und Phasen des BENEVIT-Projektes

- **Potentialabschätzung**

Zur Dokumentation des Handlungsbedarfes sowie zur Untermauerung der wirtschaftlichen Relevanz des Forschungsvorhabens wurde als erster Projektschritt eine empirische Studie zur Potentialabschätzung der Marktforschung in Virtuellen Welten in kleinen und mittelständischen Unternehmen (KMU) durchgeführt. Ansprechpartner waren hier entweder die Geschäftsführung oder im Falle der Existenz einer eigenen Marketingabteilung deren Abteilungsleiter. Die Befragung war teils explorativ und teils hypothesentestend angelegt. Zum einen sollten Anwendungsbereiche und Potentiale der Projektergebnisse in kleinen und mittleren Unternehmen ausgelotet werden, zum anderen sollten Hypothesen zur Relevanz des E-Commerce für KMU und die Notwendigkeit von neuen, auf diesem Gebiet spezialisierten Verfahren der

Marktforschung bestätigt werden. Befragt wurden der Großteil der deutschen Marktforschungsunternehmen sowie ein Querschnitt derjenigen produzierenden KMU, für die Online-Marktforschung bzw. E-Commerce heute und vor allem zukünftig ein besonders attraktives Betätigungsfeld darstellt.

- **Generierung Virtueller Welten**

Zur Konzeption und zum Test des BENEVIT-Standards (s.u.) können Virtuelle Testumgebungen auf VRML-Basis eingesetzt werden. In diesem Arbeitspaket wurden unterschiedliche Prototypen derartiger Welten erstellt.

- **Test gängiger Marktforschungsmethoden**

Im konzeptionellen Bereich werden gängige Marktforschungsverfahren daraufhin betrachtet, inwiefern sie sich im Rahmen Virtueller Welten einsetzen, adaptieren oder erweitern lassen. Im Vordergrund stehen Tests zum Produktkonzept und zur Produktgestaltung sowie Markttests.

- **BENEVIT-Atome**

Erster Schritt bei der Konzeption des BENEVIT-Standards war die Identifizierung von für die Marktforschung relevanten Basis-Aktivitäten. Diese wurden sowohl theoretisch hergeleitet als auch durch simulierte Testläufe in den erstellten Virtuellen Welten ermittelt. Grundsätzliche Prämisse des Vorgehens war dabei die Existenz solcher Basis-Aktivitäten.

- **BENEVIT-Moleküle**

Die vorab ermittelten Atome wurden in einem weiteren Schritt zu Folgen von Aktivitäten - den BENEVIT-Molekülen - aggregiert. Diese Zusammenfügung erfolgt „bottom-up" nach Maßgabe der Zweckmäßigkeit. Dabei wurden die Erkenntnisse der traditionellen Beobachtung in Testmärkten berücksichtigt und um die Besonderheiten der elektronischen Verkaufswelten ergänzt.

- **Definition des BENEVIT-Standards**

Abschließend wurde der BENEVIT-Standard auf Basis der Atome und Moleküle definiert und formalisiert. Besonderes Augenmerk war in diesem Zusammenhang auf die

Auswahl einer geeigneten Beschreibungssprache und auf die erweiterbare Formulierung des Schnittstellenprotokolls zu richten.

- **Schnittstelle VRML-BENEVIT**

Zur Überprüfung und Weiterentwicklung des Standards ist die EDV-technische Realisierung einer Schnittstelle zwischen VRML und dem BENEVIT-Standard unumgänglich. Erst die Erzeugung der Aktivitätenprotokolle validiert die gewünschte Funktionalität des Standards. Ferner bietet sich so eine geeignete Ausgangsbasis für die Erprobung neuer Analysemethoden. Als wesentlicher Erfolgsfaktor war in diesem Zusammenhang das Datenvolumen der protokollierten Aktivitätsfolgen zu sehen. Hier muss im Spannungsfeld zwischen ungenügendem Detaillierungsgrad einerseits und einer Sammlung vieler, jedoch irrelevanter Daten andererseits ein praktikabler Kompromiss gefunden werden.

- **Konzeption neuer Analyse- und Präsentationsverfahren**

In diesem Arbeitspaket wurden, aufbauend auf der Definition des BENEVIT-Standards, Verfahren zur aussagekräftigen Analyse der Aktivitätsfolgen entwickelt. Die grundlegende Problematik bestand darin, zu sehen inwieweit und in welcher Form statistische Auswertungen auf das Aktivitätsprotokoll von BENEVIT anwendbar sind. Darüber hinaus war zu klären, welche Informationen und Informationskategorien (Produktdesign, Produktplatzierung etc.) dem Anwender des Systems präsentiert werden sollen.

- **Generierung OLAP-Mafo-System**

Den Adressaten der erhobenen Marktforschungsdaten, insbesondere Marktforscher und das Management, muss eine benutzerfreundliche Möglichkeit zur Analyse und Präsentation der gespeicherten Daten geboten werden. Während für Kundenlaufstudien eine proprietäre graphische Anwendung zu erstellen war, konnte im Bereich der Testmarktverfahren auf multidimensionale OLAP-Systeme (Online Analytical Processing) zurückgegriffen werden, die am Markt existent sind. Im Rahmen der prototypischen Implementierung eines Gesamtsystems wurde auf eine Data Warehouse-Lösung von MicroStrategy zurückgegriffen.

- **Test des Gesamtsystems**

Schließlich wurde das Gesamtsystem anhand realer Fallstudien mit dem Kooperationsunternehmen „Zentis“ einem Praxistest unterzogen. Insbesondere konnten neben der Funktionsfähigkeit die einfache Handhabung und der Informationsgehalt der Auswertungen getestet und mit den Unternehmen diskutiert werden.

4 Potentialabschätzung

4.1 Internetpenetration und demographische Einordnung der Internetnutzer

Als Internetnutzer wird entsprechend der GfK-Definition nachfolgend eine Person bezeichnet, die „über einen Access verfügt und das Internet zumindest gelegentlich nutzt".[1]

In Deutschland gab es im April 2001 laut des GfK Online-Monitor 24,2 Mio. Internetnutzer (s. Abbildung 2). Das sind 46% der deutschsprachigen Bevölkerung in der BRD im Alter von 14 bis 69 Jahren. Vor allem in den Jahren 2000/2001 konnte ein starker Zuwachs der Online-Nutzerzahlen verzeichnet werden.

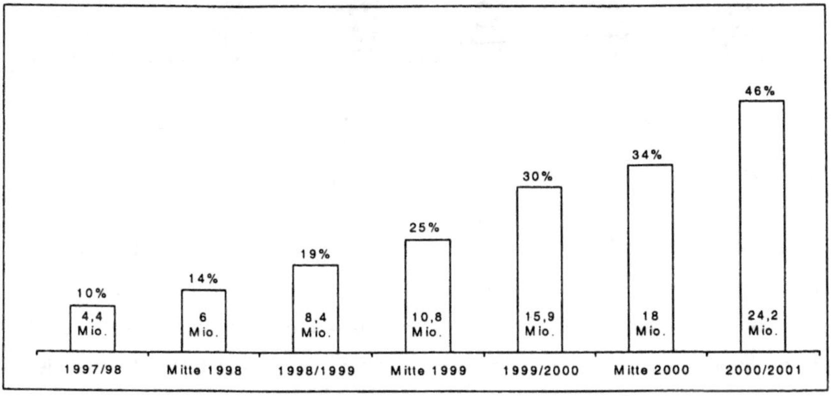

Abbildung 2: Internetpenetration in Deutschland (Angaben in Mio. und %)[2]

Fraglich ist allerdings, ob sich dieser starke Wachstumstrend der Internetnutzung in Zukunft fortsetzen wird oder ob ab einer gewissen Durchdringungsrate des Mediums in der Bevölkerung eine Abschwächung des Wachstums bzw. eine Stagnation eintreten wird.

Bei der Betrachtung der soziodemographischen Struktur der deutschsprachigen Internetgemeinde fällt besonders die hohe Reichweite der Internetnutzung in jüngeren Altersklassen auf (s. Abbildung 3). 76% der 14-19jährigen, 66% der 20-29jährigen und immerhin die Hälfte der 30-49jährigen sind online. In den Altersgruppen der 50-

[1] Vgl. GfK Medienforschung, GfK Online-Monitor, Ergebnisse der 7. Untersuchungswelle, 2000/2001.

[2] Vgl. ebd.

59jährigen und der 60-69jährigen besteht die geringste Abdeckung.[3] Kontinuierliche Reichweitenzuwächse wurden in allen Altersgruppen erzielt, wobei die Zuwachsraten bei den Nutzern bis 49 Jahren größer waren als die der Nutzer ab 50 Jahren.

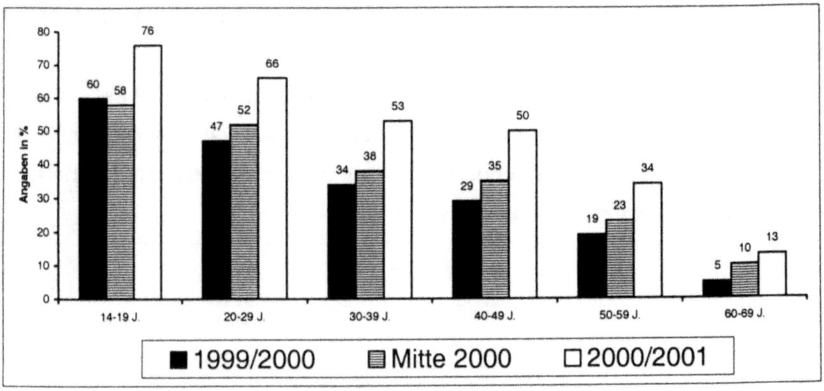

Abbildung 3: Reichweite der Internetnutzung in den Altersgruppen[4]

Den größten Teil der Internetgemeinde machen die 30-39jährigen mit einem Anteil von 25% aus, dicht gefolgt von den Twens und den Fourties mit jeweils 21% (s. Abbildung 4). Die jungen Nutzer bis 19 Jahre haben lediglich einen Anteil von 15% an den Internetnutzern. Betrachtet man die Altersstruktur der Internetgemeinde im Zeitablauf, dann ist festzustellen, dass die Internetgemeinde in den letzten Jahren immer älter geworden ist bzw. älter wird.

Bzgl. der Altersstruktur hat also eine Annäherung der Internetgemeinde an die Gesamtbevölkerung stattgefunden (s. Abbildung 5). Dennoch sind ältere Nutzer immer noch unterrepräsentiert, besonders die Gruppe der 60-69jährigen. Diese Altersgruppe macht 16% der Gesamtbevölkerung aus, aber lediglich 5% der Internetnutzerschaft, und hat somit die geringste Abdeckung, dicht gefolgt von den 50-59jährigen mit 14%. Alle anderen Altersgruppen sind bei den Usern überrepräsentiert, d.h. der Anteil der Altergruppen an der Internetgemeinde ist größer als ihr Anteil

---

[3] Die Abdeckung gibt den Teil der Gesamtbevölkerung an, der durch die Internetnutzerschaft, hier aufgegliedert nach Altersgruppen, abgebildet wird (vgl. Berekoven, L./Eckert, W./Ellenrieder, P., (1999), Marktforschung. 8. Auflage, Wiesbaden 1999, S. 130; vgl. Günther, M./ Vossebein, U./Wildner, R., 1998, Marktforschung mit Panels: Arten – Erhebung – Analyse – Anwendung, Wiesbaden 1998, S. 39).

[4] Vgl. GfK Medienforschung a.a.O.

an der Gesamtbevölkerung. Der altersstrukturelle Unterschied ist bei den 14-29jährigen noch sehr groß, nimmt aber bei den 30-49jährigen stark ab.

Als nächstes wird auf die geschlechtsspezifische Nutzung des Mediums Internet eingegangen (s. Abbildung 6). Der Männer- und Frauenanteil in der deutschsprachigen Bevölkerung im Alter von 14-69 Jahren ist annähernd gleich. Männer haben mit 51% lediglich einen kleinen Vorsprung.[5] Im Internet ist dieser Vorsprung wesentlich größer. Hier sind Männer mit 58% überrepräsentiert. Frauen haben in den letzten Jahren zwar kräftig aufgeholt, sind aber mit 42% immer noch unterrepräsentativ vertreten.

Weiterhin ist festzustellen, dass Personen mit einer höheren formalen Bildung (Mittlere Reife, Abitur, abgeschlossenes Studium) in der Internetgemeinde anteilsmäßig stärker vertreten sind als in der Gesamtbevölkerung (s. Abbildung 7).
In den letzten Jahren haben die Anteile der Personen mit Volks- und Hauptschulabschluss an der Internetnutzerschaft zugenommen, wohingegen der Anteil der Abiturienten und Hochschulabsolventen zurückgegangen ist. An dieser Stelle kann also festgehalten werden, dass das Internet nicht mehr nur von den „Gebildeten" genutzt wird, sondern sich langsam der breiten Masse öffnet.

Als letztes soziodemographisches Merkmal zur Beschreibung der Internetnutzer wird hier das Haushaltsnettoeinkommen herangezogen (s. Abbildung 8).
Vergleicht man das Haushaltsnettoeinkommen der Internetnutzer mit dem der Bevölkerung, so kann man feststellen, dass der Anteil der „Besserverdienenden" (hier: Personen mit einem Einkommen ab 2000 EUR) in der Internetgemeinde deutlich höher ist als in der Bevölkerung der BRD. Diese Tatsache korrespondiert mit der höheren formalen Bildung der Internetnutzer. Bei Personen mit einem niedrigen Haushaltsnettoeinkommen verhält es sich entgegengesetzt. Verglichen mit ihrem Anteil an der Gesamtbevölkerung sind sie in der Internetgemeinde unterrepräsentiert.

---

[5] Vgl. Statistisches Bundesamt, www.destatis.de/basis/d/bevoe/bevoetab4.htm.

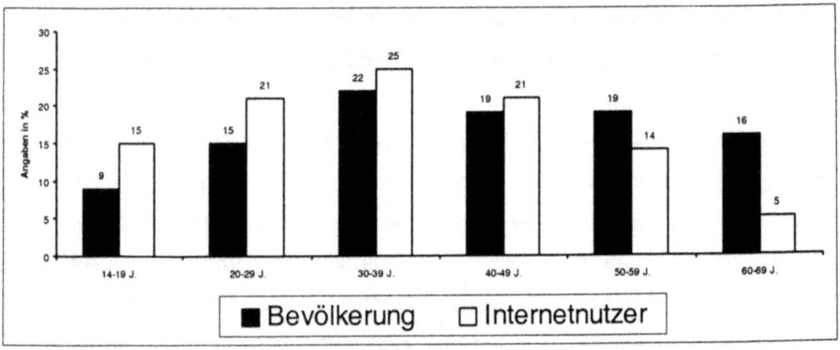

Abbildung 4: Altersstrukturvergleich von Internetgemeinde und Gesamtbevölkerung[6]

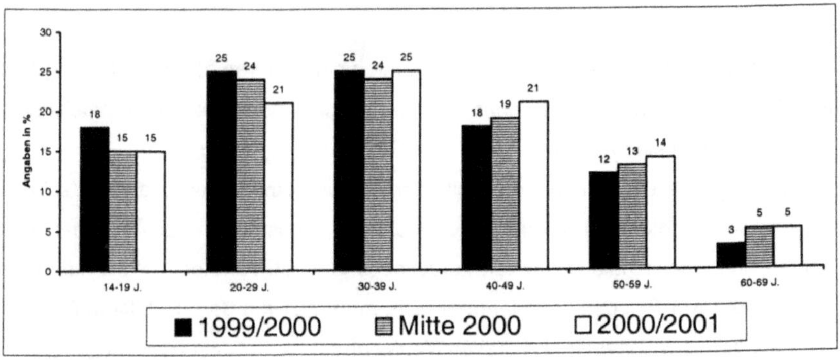

Abbildung 5: Altersstruktur der Internetgemeinde im Zeitablauf[7]

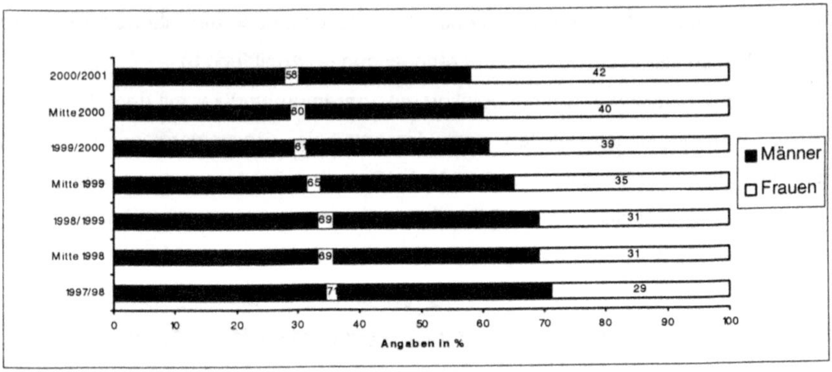

Abbildung 6: Vergleich von Frauen- und Männeranteil in der Internetgemeinde[8]

---

6 Vgl. ebd.
7 Vgl.ebd.
8 Vgl. GfK Medienforschung, a.a.O.

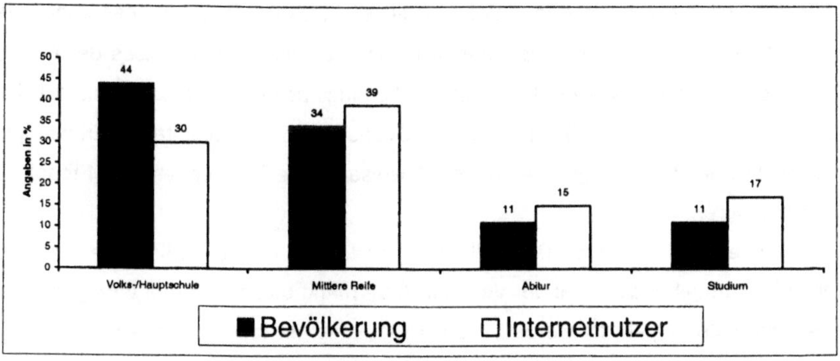

Abbildung 7: Vergleich Bildungsabschluss Internetnutzer und Bevölkerung[9]

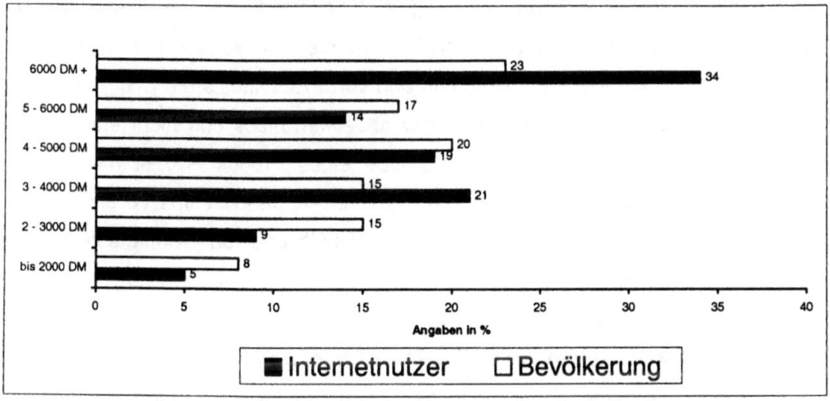

Abbildung 8: Vergleich Haushaltseinkommen Internetnutzer und Gesamtbevölkerung[10]

Zusammenfassend kann festgehalten werden, dass sich die Internetnutzer und die Gesamtbevölkerung in den betrachteten soziodemographischen Merkmalen zum Teil sehr unterscheiden, bisher also keine bevölkerungsrepräsentativen Nutzerstrukturen im Internet bestehen. Vermutlich wird die Internetgemeinde in der nächsten Zeit stark wachsen, dennoch werden die soziodemographischen Unterschiede zwischen den beiden Gruppen zukünftig, wenn auch in einem anderen Verhältnis Bestand haben.[11]

9 Vgl. ebd.

10 Vgl. ebd.

11 Es ist anzunehmen, dass die Internetpenetration in Deutschland u.a. in Abhängigkeit von technischen Verbesserungen (z.B. einfachere Handhabung und Bedienbarkeit der Technik) sowie sinkender Kosten der Internetnutzung (z.B. technische Ausstattung und sinkende Verbindungskosten) zunehmend steigen wird. Vgl. Will, C., 1996, Die Reise ins Online Wunderland, in: Planung & Analyse, 3/1996, S. 20.

Für die Online-Marktforschung folgt aus dieser Tatsache, dass zur Zeit und in der Zukunft keine bevölkerungsrepräsentativen Online-Erhebungen (mittels der Zufallsstichprobe) durchgeführt werden können. Allerdings besteht die Möglichkeit, mit Hilfe der sogenannten Quota-Stichprobe und Online-Panels repräsentative Erhebungen für bestimmte Personengruppen, beispielsweise für die Zielgruppe eines Produktes, durchzuführen.[12]

Im Rahmen des Projektes BENEVIT (Beschreibung von Nutzeraktivitäten in Virtuellen Testumgebungen) soll der Virtuelle Supermarkt u.a. zur Durchführung von Online-Produkttests genutzt werden.[13] Ein Produkttest ist laut Berekoven et al.[14] eine experimentelle Untersuchung, bei der nach bestimmten Merkmalen ausgesuchte Testpersonen, i.d.R. Angehörige der Zielgruppe des Produktes, ein Produkt als Ganzes oder/und einzelne Produktbestandteile nach ihrer subjektiven Wahrnehmung beurteilen. Daraus folgt, dass zur Durchführung von Produkttests die Stichprobe lediglich die relevante Zielgruppe repräsentativ abdecken muss und nicht etwa die Gesamtbevölkerung. Gelingt es, die Zielgruppe eines Produktes z.B. mit Hilfe der Quota-Stichprobe aus einem Online-Panel abzubilden, dann ist eine Voraussetzung zur Erhebung valider Daten im Rahmen der Durchführung von Produkttests im Virtuellen Supermarkt erfüllt.[15]

4.2 Einsatzmöglichkeiten der Online-Marktforschung

Die steigende Internetpenetration und Akzeptanz des Mediums Internet können als notwendige Bedingung für die positive zukünftige Entwicklung bzw. die hohen Potentiale der Online-Marktforschung betrachtet werden.[16] Die Einsatzmöglichkeiten des Virtuellen Supermarktes zur Durchführung von Produkttests hängen darüber hinaus

---

[12] Vgl. Pepels, W., 1998, Auswahlverfahren in der quantitativen Marktforschung, in: Planung & Analyse, 1/1998, S. 49f.; vgl. Zimmermann, M./Gadeib, A./Lürken, A., 2001, Marktforschung Online – Schöne neue Welt?, in: Planung & Analyse, 2/2001, S. 41ff.; vgl. Göritz, A./Reinhold, N./Batinic, B., 2000, Marktforschung mit Panels: State of the Art, in: Planung & Analyse 3/2000, S. 62f.

[13] Vgl. Determann, L./Herstell, J./Schryen, G., 2001, Konzeption einer Schnittstelle zur Beobachtung und Analyse von Benutzeraktivitäten in Virtuellen Verkaufswelten, Aachen 2001, S. 1; vgl www.rwth-aachen.de/vr-mafo.

[14] Vgl. Berekoven, L./Eckert, W./Ellenrieder, P., 1999, S. 161.

[15] Validität oder Gültigkeit der Messung beschreibt die materielle Genauigkeit der Untersuchungsergebnisse, d.h. sie gibt an, inwieweit der tatsächlich interessierende Tatbestand gemessen wird. Vgl. Vollert, K., 1996, Methodische Probleme in der Panelforschung: Gütekriterien von Paneldaten, in: Planung & Analyse, 5/1996, S. 38.

[16] Vgl. Theobald, A., 2000, Determinanten des Online Research, in: Planung & Analyse 5/2000, S. 72.

speziell von der Online-Kaufbereitschaft der Konsumenten ab.

Steigende Umsätze im Online-Handel können als Indikator für die wachsende Online-Kaufbereitschaft der Internetnutzer betrachtet werden.[17] Sie gehen einher mit einer zunehmenden Internetpenetration und sprechen für die zukünftigen Potentiale des Virtuellen Supermarktes als Testumgebung. Zu beachten ist jedoch, dass die Online-Kaufbereitschaft einer Person produktgruppenspezifisch schwanken kann, also die Bereitschaft; ein Produkt online zu erwerben; je nach Produktgruppe unterschiedlich hoch ausfallen kann. Folglich ist der Virtuelle Supermarkt als Erhebungsmedium nicht für jede Produktgruppe zur Durchführung valider Produkttests geeignet.

Die Eignung der Testumgebung zur Gewinnung valider Daten bzgl. der betrachteten Produktgruppe kann aus der Bereitschaft des Konsumenten, bestimmte Produkte im Internet und speziell im Virtuellen Supermarkt zu kaufen, abgeleitet werden. Es ist anzunehmen, dass mit zunehmender Online-Kaufbereitschaft vor allem bei neuen Produkten die Eignung der Virtuellen Umgebung zur Durchführung von Produkttests steigt.

Nachfolgend werden die Ergebnisse einer empirischen Untersuchung zum Einkaufsverhalten im Virtuellen Supermarkt und zu dessen genereller Akzeptanz vorgestellt.[18] Die Erhebung diente u.a. der Erfassung der produktspezifischen Kaufbereitschaft der Probanden im Virtuellen Supermarkt. Wie oben bereits beschrieben, liefern die gewonnenen produktspezifischen Kaufbereitschaften Anhaltspunkte zur Eignung des Virtuellen Supermarktes bei der Durchführung von Produkttests. Einschränkend muss hier jedoch festgehalten werden, dass die Kaufbereitschaft der Probanden aufgrund der mit dem imaginären Kauf verbundenen geringen Konsequenzen bzw. Kaufrisiken von deren tatsächlichen Kaufbereitschaft nach oben abweichen kann. In der Befragung werden Probanden so evtl. eher bereit sein, ein bestimmtes Produkt zu kaufen, als das in der Realität der Fall ist.

---

[17] Vgl. GfK Medienforschung; a.a.O.

[18] Die hier dargestellten Untersuchungsergebnisse beziehen sich auf Erhebungen, die im virtuellen Supermarkt der Medienagentur Dialego GmbH durchgeführt wurden, und diesbezüglicher Befragungen der Probanden.

Dennoch sind allgemeine Tendenzen über die Kaufbereitschaft im Virtuellen Supermarkt zu erkennen.[19] Festgestellt werden konnte, dass alle Probanden generell bereit sind, zumindest ein Produkt im Virtuellen Supermarkt einzukaufen. Die Kaufbereitschaft variiert jedoch bei bekannten bzw. unbekannten Produkten sowie bei der Betrachtung verschiedener Produktkategorien.

Unbekannte Produkte würden von 76% der befragten Personen im Virtuellen Supermarkt gekauft werden (s. Abbildung 9). Die Probanden gaben Neugierde und Lust am Ausprobieren neuer Produkte als Begründung für ihre Kaufbereitschaft an. Das Einkaufen virtuell dargestellter Produkte ist für einen Großteil der Probanden mit dem Einkaufen in einem herkömmlichen Supermarkt vergleichbar. Diese Einstellung kann vermutlich mit dem zweckorientierten Charakter des Einkaufs für diese Gruppe er klärt werden. Der Informationsgehalt, den man über ein Virtuelles Produkt erhält, entspricht dem eines realen Produktes, und somit hat der fehlende Erlebnischarakter (z.B. die Unmöglichkeit, das Produkt berühren zu können) für diese Gruppe der Befragten keinen wesentlichen Einfluss auf die Kaufentscheidung. 20% der Probanden würden hingegen den Virtuellen Supermarkt lediglich unter der Voraussetzung, dass nähere Produktinformationen zur Verfügung stehen, als Einkaufsmöglichkeit nutzen. 10,86% der Befragten legen bei ihrer Einkaufsentscheidung besonderen Wert darauf, dass die angebotenen Produkte nicht teurer als in einem realen Supermarkt sind.[20] Ein relativ hoher Anteil, ca. ein Viertel der Probanden, kann sich hingegen nicht vorstellen, neue Produkte über das Internet zu kaufen. Ihre Ablehnung begründen sie mit der fehlenden Möglichkeit, von der virtuellen Darstellung des Produktes auf dessen Qualität schließen zu können und dem fehlenden taktilen Kontakt zur Ware.[21]

---

19 Vgl. Stegmann, M., 1999, Die Eignung des Einsatzes virtueller 3-D Welten für die internetbasierte Marktforschung – Eine empirische Untersuchung, Bielefeld 1999, S. 68f.; vgl. Burke, R./Harlam, B./Kahn, B./Lodish, L., 1992, Comparing Dynamic Consumer Choice in Real and Computer-simulated Environments, in: Journal of Consumer Research, Vol. 19, June 1992, S. 73ff.

20 Vgl. ebd., S. 81.

21 Vgl. ebd., S. 82.

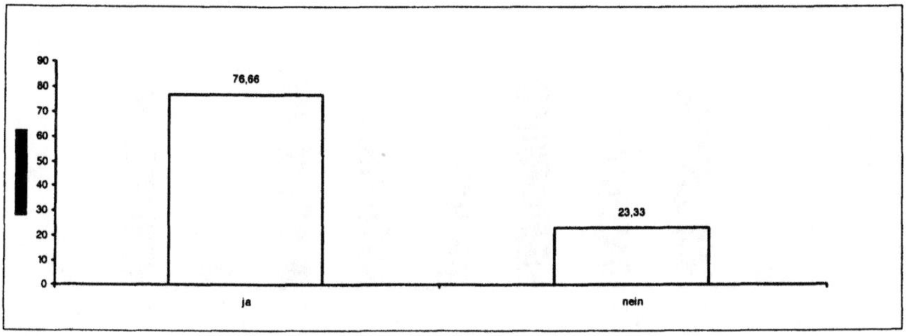

Abbildung 9: Kaufbereitschaft bei unbekannten Produkten[22]

Weiterhin kann die geringe Kaufbereitschaft bei unbekannten Produkten auf das durch die neuartige Kaufsituation besonders stark wahrgenommene Kaufrisiko zurückgeführt werden. Konsumenten verringern das wahrgenommene Risiko sowie die Komplexität der Entscheidungssituation durch die Orientierung an Ankergrößen wie z.B. ihnen bekannten Produkten und Marken.[23] Dieser hohe Anteil der Personen, die sich nicht vorstellen können, neue Produkte im Virtuellen Supermarkt einzukaufen, spricht zur Zeit noch gegen die Durchführung von Produkttests mit unbekannten Produkten im Virtuellen Supermarkt. Mit zunehmender Erfahrung der Nutzer wird vermutlich auch die Bereitschaft zum Online-Kauf unbekannter Produkte steigen, was zur Folge hat, dass der eben geäußerte Einwand zunehmend an Bedeutung verliert.[24]

Darüber hinaus variiert die Kaufbereitschaft der Probanden in den unterschiedlichen Produktgruppen (s. Abbildung 10).

22 Vgl. Stegmann, M., a.a.O., S. 81.
23 Vgl. Schröder, H., Intransparenz und Kaufrisiken beim Electronic Shopping – Was E-Retailer über die Kunden im B2C-Bereich wissen sollten, Essen 2001, S. 46f.
24 Vgl. Stegmann, M., a.a.O., S. 89.

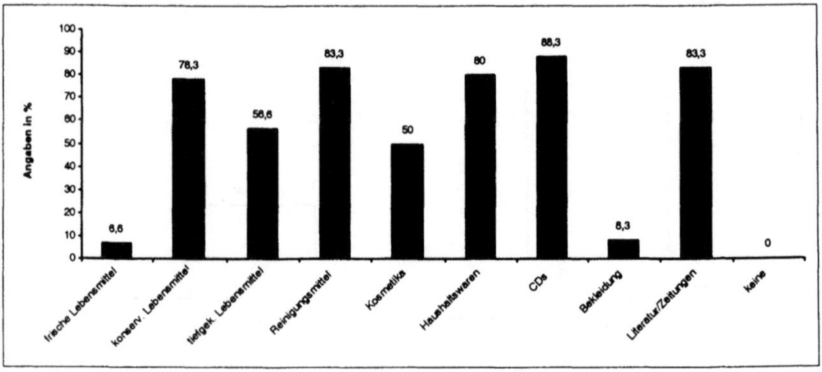

Abbildung 10: Kaufbereitschaft bzgl. Virtueller Supermarktprodukte[25]

Eine hohe Kaufbereitschaft kann generell bei Produkten, deren Eigenschaften bzw. Qualität vor dem Kauf relativ sicher vom Probanden beurteilt werden können, festgestellt werden. Die meisten Befragten, selbst Probanden, die das Medium Internet als fremdartig einstufen, würden Produkte wie z.B. Reinigungsmittel, CDs, Literatur/Zeitungen im Virtuellen Supermarkt kaufen. Die Kaufbereitschaften frischer, konservierter und tiefgekühlter Lebensmittel weichen in Abhängigkeit von den Lieferzeiten für diese Güter sehr stark voneinander ab. Konservierte Lebensmittel würden von 78,3% der befragten Personen im Virtuellen Supermarkt gekauft werden, tiefgekühlte Lebensmittel und frische Lebensmittel aus Angst vor Verderblichkeit der Ware nur von 50% bzw. 6,6% der Befragten. Neben frischen Lebensmitteln kann Kleidung, insbesondere nicht standardisierte Kleidung, als über das Internet nicht verkäufliche Ware bezeichnet werden.[26] Lediglich 8,3% der Probanden sind bereit, Kleidung im Virtuellen Supermarkt zu kaufen.[27]

Der Virtuelle Supermarkt "In Virtuo" des französischen Instituts In Vivo kann ebenfalls als Testumgebung zur Durchführung von Produkt-, Verpackungs- und Preistests genutzt werden.[28] Bei einem Vergleich der Ergebnisse von Markttests in realen Supermärkten und dem Einkaufsverhalten der Probanden in einer Virtuellen Testumge-

---

25 Vgl. Stegmann, M., a.a.O., S. 81.

26 Vgl. Knapp, F., Produkt- und Konzept-Tests im Internet, in: Planung & Analyse 5/2000, S. 62.

27 Vgl. Burke, R., (1996), Virtual Shopping: Breakthrough in Marketing Research, in: Harvard Busines Review, March – April 1996, S. 123; vgl. Simualtion Reseach, www.simulationsresearch.com (Stand: 25.01.02); vgl. Stegmann, M., a.a.O., S. 82f.

28 Vgl. Nachury, L., Un supermarché numérique pour produits virtuel, in: 01 Informatique n° 1530, 1999, S. 42.

bung, konnten keine signifikanten Unterschiede festgestellt werden. Lediglich die Beschäftigung mit dem Produkt dauerte in der Virtuellen Umgebung im Durchschnitt vier Minuten länger.[29]

Der „Visionary Shopper" der Firma Treiber & Partner ist ein weiteres System, das zur Simulation eines Virtuellen Supermarktes eingesetzt werden kann. In diesem Virtuellen Testmarkt können Probanden Test-Einkäufe tätigen. Daran anschließend kann eine Befragung der Probanden zu deren Einkaufs- und Konsumgewohnheiten sowie zu Produktpräferenzen durchgeführt werden.[30] Im Hinblick auf die Gewinnung valider Ergebnisse in der Virtuellen Testumgebung wurde untersucht, ob das Einkaufsverhalten in einem Virtuellen Supermarkt mit dem in einem realen Supermarkt vergleichbar ist. Zu diesem Zweck wurden die Anteile der eingekauften Virtuellen Produkte mit den Marktanteilen auf dem realen Markt verglichen. Hierbei ergaben sich die in Abbildung 11 aufgeführten Korrelationen.

Die hohe Korrelation bei den meisten Produkten lässt vermuten, dass das Kaufverhalten im "Visionary Shopper" dem realen Kaufverhalten im Supermarkt sehr ähnlich ist. Als Voraussetzungen für ein normales Kaufverhalten ist zu beachten, dass dem Probanden ein vergleichbares Produktangebot zur Auswahl steht und zudem die gute Erkennbarkeit der Produkte gewährleistet ist.[31] Die geringe Korrelation bei den Juice Drinks kann so z.B. auf die halb so große Auswahl an Fruchtsäften im Virtuellen Supermarkt im Vergleich zum realen Supermarkt zurückgeführt werden. Beim Thunfisch kann die niedrige Korrelation mit der Tatsache erklärt werden, dass die Probanden wesentliche Produktmerkmale (z.B. Einlage des Thunfisches in Öl oder Wasser) nicht erkennen konnten.[32]

---

29 Vgl. Stegmann, M., a.a.O., S. 20.
30 Vgl. ebd., S. 22.
31 Vgl. ebd., S. 23f.
32 Vgl. Needel, Marrying Marketing Research And Virtual Reality: Implications For Consumer Research, 1995; vgl. Burke, R., 1996, a.a.O., S. 128.

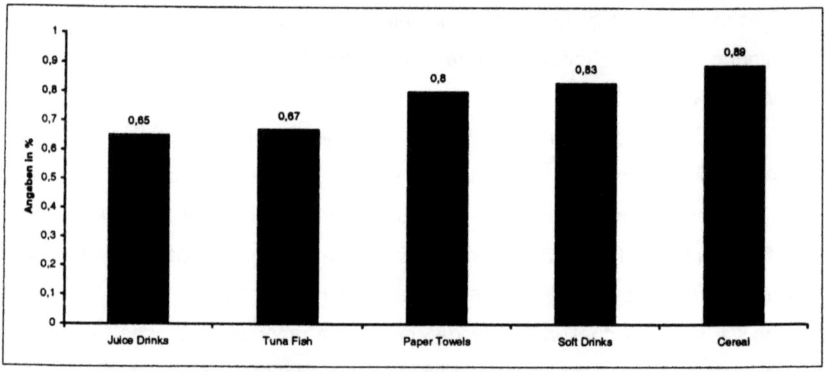

Abbildung 11: Korrelation von Marktanteilen im Visionary Shopper zu realen Marktanteilen[33]

Zusammenfassend kann festgehalten werden, dass aufgrund der hohen Kaufbereitschaft der Probanden in einem Großteil der Produktkategorien bzw. aufgrund der hohen Ähnlichkeit von virtuellem und realem Einkaufsverhalten der Virtuelle Supermarkt als Testumgebung zur Durchführung von Produkttests geeignet erscheint.

4.3 Akzeptanz der Darstellung und der technischen Handhabung Virtueller Verkaufswelten

Die Einsatzmöglichkeiten des Virtuellen Supermarktes im Rahmen der Online-Marktforschung werden neben den bisher genannten Aspekten außerdem durch die ästhetische Darstellung des Supermarktes und der Produkte beeinflusst. Weitere Einflussfaktoren sind die Handhabung zur Begehung des Virtuellen Supermarktes und zur Betrachtung der Produkte. Diese Aspekte sind besonders vor dem Hintergrund der Neuartigkeit der virtuellen Einkaufssituation und des Mediums Internet für viele Probanden akzeptanzrelevant. Hieraus können z.B. eine höhere Erklärungsbedürftigkeit der Virtuellen Testumgebung im Vergleich zur herkömmlichen Testumgebung sowie ein erschwerter Umgang mit derselben resultieren.[34] Nachfolgend ist dementsprechend zu untersuchen, ob die Ablehnung bzw. Akzeptanz des Virtuellen Supermarktes seitens der Probanden in den oben genannten Aspekten begründet liegt.

---

[33] Vgl. Needel, a.a.O.
[34] Vgl. Stegmann, M., a.a.O., S. 52.

Die Darstellung des Virtuellen Supermarktes wird von einem Großteil (von 68,33% der Probanden) auf einer Zahlenskala von 1 bis 6 als „realitätsnah“ bis „realitätsgetreu“ (Stufen 4 bis 6), von 31,5% der Befragten hingegen als „realitätsfern“ bewertet (s. Abbildung 12). Gründe für die realitätsferne Beurteilung sind der fehlende Erlebnischarakter der Darstellung des Supermarktes und die wenigen Produkte, die in den Regalen angeboten werden. Weiterhin kritisieren die Probanden die Atmosphäre, die sie als „kalt“ und „spartanisch“ beschreiben, sowie den Aufbau, den sie als eher funktional charakterisieren.[35]

Zur Steigerung der Akzeptanz der Darstellung des Virtuellen Supermarktes gilt es, das Layout desselben weiter zu entwickeln, so dass der Einkauf realer erscheint und die Testpersonen darüber hinaus den Eindruck einer Erlebniswelt erhalten. Des Weiteren kann mit einer Steigerung des Unterhaltungswertes das Antwortverhalten bzw. die Auskunftsbereitschaft der Probanden bei der im Rahmen von Produkttests durchgeführten Befragung u.U. positiv beeinflusst werden.[36] Die Befragung wird von den Probanden als weniger zeitraubend empfunden und evtl. weniger häufig bzw. nicht frühzeitig abgebrochen.

Die Möglichkeit der Wiedererkennung von Produkten im Virtuellen Supermarkt und die rein bildliche Darstellung der Produkte werden von 63,33% der Testpersonen als positiv bewertet. Mit 3,3% fehlt nur wenigen Probanden der haptische Eindruck in Virtuellen Verkaufswelten. Das virtuell dargestellte Produkt wird also von den Probanden wie ein vergleichbares reales Produkt betrachtet.[37]

---

35 Vgl. ebd. S. 85.
36 Vgl. Knapp, F., a.a.O., S. 62.
37 Vgl. Stegmann, M., a.a.O., S. 85.

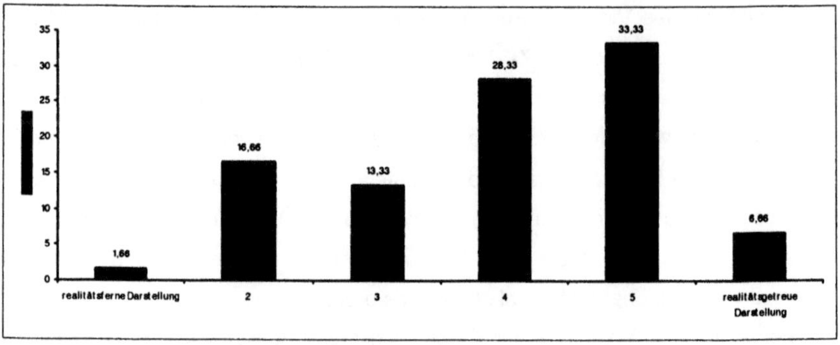

Abbildung 12: Bewertung der Darstellung des Virtuellen Supermarktes[38]

Auch wenn der Großteil der Probanden die Produktdarstellung im Hinblick auf die Wiedererkennung allgemein als positiv empfindet, so beurteilen lediglich 45% der Probanden diese als „ansprechend". Die Mehrheit der Testpersonen bewerten die Darstellung als „weniger" bis „gar nicht ansprechend", was besonders durch die Unlesbarkeit der Packungsbeschriftung hervorgerufen wird. Derzeit ist die Darstellung von Details in Virtuellen Online-Welten aufgrund der geringen Bildauflösung noch problematisch. Aus dieser technischen Beschränkung folgt, dass kleine Motive oder Beschriftungen auf Verpackungen nicht gut erkennbar sind, kleinere Schriftzüge überhaupt nicht mehr lesbar sind.[39]

Zu beachten ist jedoch, dass die technischen Restriktionen zukünftig im Laufe der technischen Weiterentwicklung von Virtuellen Welten vermutlich zunehmend abnehmen und somit an Bedeutung verlieren werden. Zudem haben Untersuchungsergebnisse gezeigt, dass Verbesserungen bzgl. der Lesbarkeit der Packungsaufschriften und bzgl. der Reaktionsgeschwindigkeit der Computer aus potentiellen Käufern tatsächliche Käufer machen, vorausgesetzt die Personen sind internetaffin.[40]

Virtuelle Realitäten sind gegenwärtig und zukünftig nicht in der Lage, haptische Informationen über das Internet zu vermitteln. Die Haptik besteht aus der taktilen Wahrnehmung (Empfindungen der Sinneszellen in der Haut), der Propiozeption (muskuläre Kraftrückkopplung) und der kinästhetischen Wahrnehmung (Einwirkung von Bewegungskräften auf den Körper). Darüber hinaus kann die olfaktorische Aus-

[38] Vgl. Stegmann, M., a.a.O., S. 84.
[39] Vgl. ebd., S. 52.
[40] Vgl. ebd., S. 80.

gabe (Geruchs- und Geschmackserlebnis) in Virtuellen Welten nicht erzeugt werden.[41] Für den Einsatz des Virtuellen Supermarktes in der Marktforschung ist dies aber auch nicht unbedingt erforderlich, da laut empirischer Untersuchung nur wenige Probanden die fehlende Haptik bemängeln.[42] Da haptische Informationen in der Virtuellen Umgebung online nicht ohne den Einsatz teurer Haptik-Feedback-Geräte, wie z.B. Daten-Handschuhe, vermittelt werden können, sollten die zur Verfügung stehenden Möglichkeiten der Virtual Reality genutzt und optimiert werden, um die Realität bestmöglich zu simulieren (z.B. durch ausführliche Produktbeschreibungen der haptischen Eigenschaften oder durch deutliche bildliche Darstellungen der Produkte).

Als letzte Einflussgröße auf die Akzeptanz des Virtuellen Supermarktes wird hier dessen technische Handhabung untersucht.

Das Einkaufen im Virtuellen Supermarkt wird von 61,66% der Befragten, hauptsächlich jüngeren Personen, als unkompliziert bezeichnet. Der leichtere Zugang zur Virtuellen Welt kann mit der Internet- und bzw. oder PC-Erfahrung der Probanden erklärt werden. 38,33% der Testpersonen bewerten den Einkauf als problematisch und schwierig. Diese Beurteilung der Probanden kann auf deren geringe bis nicht vorhandene Erfahrung mit dem Medium Internet und der daraus resultierenden Ungewohntheit der Virtuellen Umgebung zurückgeführt werden.[43]

Fast die Hälfte der Testpersonen bemängelt die technische Handhabung des Virtuellen Supermarktes. Dies ist auf die Langsamkeit der Bewegungen und Handlungen im Virtuellen Supermarkt zurückzuführen. Ungeduld und Verunsicherung sind die Reaktionen der Probanden auf eine mehrere Sekunden lang andauernde Verzögerung zwischen der Eingabe eines Befehls und dessen Umwandlung in eine Aktion. Ca. 70% der Befragten beurteilten die Umsetzung der Befehle mit der Maus als „gut" und „sehr gut". Die Handhabung zur Betrachtung der Produkte wird von 81,66% der Probanden als „gut zu handhaben" eingestuft.

Für die Online-Tauglichkeit ist es unbedingt notwendig, dass der Nutzer eigenständig in der Lage ist, die bestehenden Funktionen wahrzunehmen, also eine einfache technische Bedienung möglich ist. Ca. 2/3 der Befragten gaben an, dass sie ohne vorher-

---

[41] Vgl. Hennig, A., Die andere Wirklichkeit – Virtual Reality – Konzepte, Standards, Lösungen, Bonn 1997, S. 96f.

[42] Vgl. Stegmann, M., a.a.O., S. 46.

[43] Zu den folgenden Abschnitten vgl. Stegmann, M., ebd., S. 85ff.

gehende persönliche Einführung durch Ausprobieren in der Lage gewesen wären, den Virtuellen Supermarkt zu begehen. Dieses Ergebnis spricht für die Online-Tauglichkeit des Supermarktes. Probanden mit wenig Internet-Erfahrung bzw. solche, denen das Handling schwer fällt, kann die Handhabung durch Zugabe einer schriftlichen Anleitung sowie durch eine Vereinfachung des Navigationssystems erleichtert werden.

5 Konzeption

Bei der Konzipierung einer Virtuellen Marktforschungsumgebung sind die Analyse und die Auswahl geeigneter Marktforschungsmethoden (wie wird methodisch erforscht?), die Festlegung der Untersuchungs- und Erfassungsobjekte (was wird erforscht?) und die Generierung eines technologischen Rahmens (wie wird technologisch erforscht?) sinnvoll. Diese drei Planungssäulen werden in diesem Kapitel detailliert vorgestellt.

5.1 Marktforschungsmethoden

5.1.1 Methodische Grundlagen von Produkttests

Grundsätzlich können die verschiedenen Arten von Produkttests zweidimensional kategorisiert werden. Die erste Dimension zielt auf die Verfahren zur Datengewinnung ab. Hierzu zählen Beobachtung und Befragung, wobei die Befragung sich nochmals in die Unterkategorien Fragebogen, standardisiertes Interview und offenes Interview aufteilen lässt. Bei diesen Verfahren nimmt in der beschriebenen Reihenfolge die Möglichkeit der Einflussnahme seitens des Marktforschers zu. Die zweite Dimension bezieht sich auf die Fragestellung des Tests, also darauf, welche Informationen mit Hilfe des Tests gewonnen werden sollen. Grob lassen sich hier Produktkonzepttests, Produktgestaltungstests und Markttests voneinander unterscheiden. Mit Hilfe von Konzepttests soll die Brauchbarkeit verschiedener Konzept-Alternativen getestet und gegeneinander abgewogen werden. Ziel ist es, Produktideen, die weniger erfolgversprechend scheinen, auszusondern.

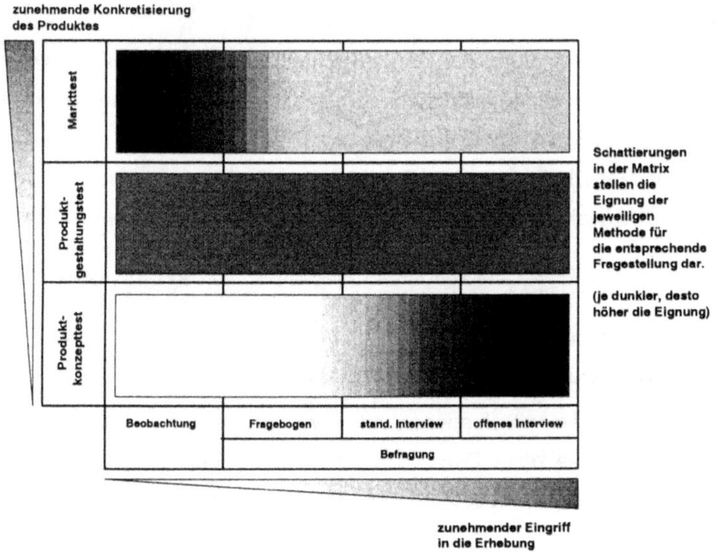

Abbildung 13: Klassifikation von Produkttests

Hierbei werden die möglichen Produktkonzepte den Marktpartnern (meist Konsumenten und dem Handel) vorgestellt, die dann, beispielsweise durch Beantwortung eines Fragebogens, eine Bewertung vornehmen sollen. Bei Produktgestaltungstests sind die marktrelevanten Produkteigenschaften bereits klar definiert. Anhand von Produktprototypen wird der Einfluss von Gestaltungsparametern auf die Beurteilung ausgewählter Kunden(-gruppen) analysiert. Markttests dienen schließlich dazu, den Erfolg von Produkten unter realen Marktverhältnissen zu testen.

Bzgl. Abbildung 13 soll folgende Kernaussage festgehalten werden: „Mit zunehmender Produktkonkretisierung nimmt die Notwendigkeit der Rückfrage bzw. die Einflussnahme des Marktforschers während der Erhebung ab!“ Damit begrenzt sich das Einsatzgebiet der Marktforschung in Virtuellen Welten wegen ihrer Fokussierung auf die Beobachtungsmethode auf diejenigen Phasen im Produktentwicklungsprozess, in denen das Produkt oder die Produktverpackung zumindest in unterschiedlichen Alternativen darstellbar ist. Dabei sollen hybride Erhebungsmethoden, die beispielsweise aus einer Kombination Virtueller Welten und Fragebögen bestehen können und somit auch in früheren Produktentwicklungsphasen einsetzbar sind, prinzipiell nicht ausgeschlossen werden. Derartige Verfahren werden in diesem Bericht jedoch nur am Rande erwähnt.

5.1.1.1 Methoden der Datengewinnung in der Marktforschung

In der Literatur existieren verschiedene Vorschläge zur Gewinnung von Informationen über das Käuferverhalten. Eine erste Unterteilung der Methoden kann in Primär- und in Sekundärforschung erfolgen. Während Primärforschung auf die Gewinnung originärer Daten abzielt, beschäftigt sich die Sekundärforschung mit der Gewinnung von Informationen aus bereits selbst oder von Dritten erhobenem Datenmaterial wie beispielsweise Veröffentlichungen, Mitteilungen oder Berichten oder auch aus selbst erworbenen Kenntnissen und Erfahrungen.[44]

Unter Primärforschung fallen die im folgenden vorgestellten Erhebungsmethoden der Beobachtung und der Befragung. Im Anschluss daran werden die dazu orthogonalen Konzepte Experiment und Panel beschrieben. Auf die Sekundärforschung wird im Rahmen dieser Arbeit nicht eingegangen, da sie für Produkttests eine nur sehr geringe Relevanz besitzt.

- **Beobachtung**

Bei der Datengewinnung durch Beobachtung wird der festzustellende Sachverhalt unabhängig von der Auskunftsbereitschaft und unmittelbar aus dem Verhalten der Beobachtungsperson ermittelt und nicht, wie bei der Befragung durch ausdrückliche Erklärung der Personen.[45]

Hierbei existiert eine Vielzahl von Erhebungsparametern, anhand derer eine Klassifikation erfolgen kann.

Der Erhebungsmodus als Form der Datenkollektion ist ein Paramater Die Datenerhebung kann durch einen menschlichen Beobachter, durch technische Einrichtungen oder durch Bestandsaufnahmen und Spurenanalysen erfolgen[46].

Die grundsätzliche Anlage der Datenerhebung kann als Einteilungskriterium dienen; sie kann experimentell oder nicht-experimentell ausgelegt sein.

---

[44] Vgl. Berekoven, L./ Eckert, W./ Ellenrieder, P., (1993), Marktforschung: methodische Grundlagen und praktische Anwendung, 6. Auflage, Wiesbaden, S. 39ff.

[45] Vgl. ebd., S.158.

[46] Ein Beispiel ist die Sammlung und Zählung der weggeworfenen leeren Zigarettenpackungen nach einer Großveranstaltung zur Ermittlung des Marktanteils der einzelnen Marken.

Es können die Bedingungen, unter denen sich das Beobachtungsobjekt befindet, zur Unterteilung herangezogen werden. Man differenziert zwischen Feldbeobachtungen, die im normalen Umfeld stattfinden, also z.B. in einem Supermarkt, und Laboratoriumsbeobachtungen, die unter künstlich geschaffenen Bedingungen stattfinden. Bei der Auswertung ist zu berücksichtigen, ob es sich um eine offene oder versteckte Beobachtung handelt. Die Versuchsperson verhält sich eventuell nicht ganz natürlich, wenn sie weiß, dass sie beobachtet wird.

- **Befragung**

Eine Klassifikation der Befragungsarten ist nach dem Erhebungsmodus möglich. So kann eine Befragung schriftlich per Fragebogen oder telefonisch bzw. persönlich durch ein Interview erfolgen. Fragebogen und Interview unterscheiden sich voneinander grundsätzlich dadurch, dass nur bei den Interviews die Möglichkeit der Nachfrage besteht.
Jede Erhebungsart hat ihre spezifischen Vor- und Nachteile, die man bei der Auswertung der Ergebnisse berücksichtigen muss. Beispielsweise ist die Antwortquote bei telefonischer und persönlicher Befragung höher als bei schriftlicher Befragung. Ebenfalls positiv schneiden die telefonische und persönliche Befragung bei der Gefahr von Missverständnissen ab, da bei einem Gespräch nachgefragt und Unklarheiten beseitigt werden können. Nachteilig ist, dass ein persönlicher Interviewer mit Rhetorik und persönlicher Ausstrahlung Einfluss auf den Befragten nehmen und damit eventuell das Befragungsergebnis verzerren kann. Dies gilt um so mehr, wenn die Interviews nicht standardisiert sind, sich also der Gesprächsverlauf an den Antworten des Befragten orientieren kann.[47]

- **Experiment**

Ein Experiment ist eine Untersuchung, die unter kontrollierten und variierten Bedingungen stattfindet. Sie eignet sich für Fragestellungen, bei denen eine einfache Beobachtung nicht mehr ausreicht, z.B. wenn Reaktionen beobachtet werden sollen, die in Wirklichkeit zu schnell ablaufen (insbesondere Wahrnehmungsvorgänge).[48] Ein

[47] Vgl. Berekhoven, L./ Eckert, W./ Ellenrieder, P. (1999), Marktforschung, 8. Auflage, Wiesbaden 1999, S. 98.ff.
[48] Vgl. Salcher, Ernst F., Psychologische Marktforschung, Berlin 1995, S. 112; vgl. Berekoven, L./ Eckert, W./ Ellenrieder, P., (1993), a.a.O, S. 150.

Experiment stellt keine eigene Erhebungsmethode dar, sondern eine Versuchsanordnung, welche die beiden Erhebungsmethoden Befragung und Beobachtung nutzt, um Sachverhalte, Abhängigkeitsverhältnisse oder Abläufe zu untersuchen.[49]
Die relevanten Elemente in einem Experiment sind die (Test-)Elemente, die Objekte eines Experimentes wie z.B. Personen, Geschäfte und die Variablen eines Experimentes, d.h. die Größen, für die eine Messung erfolgt. Bei den Variablen ist eine Unterscheidung in abhängige und unabhängige Variablen möglich. Unter abhängigen Variablen versteht man Größen, bei denen die Messung der Wirkungen des Testfaktors erfolgt, beispielsweise der Umsatz oder die Absatzmenge. Im Gegensatz hierzu stellen Testfaktoren wie beispielsweise alternative Werbemittel, Verpackungsgrößen oder -farben unabhängige Variablen dar.[50] Eine Unterteilung der Experimente lässt sich nach verschiedenen Aspekten vornehmen:
Eine Unterteilung in Labor- und Feldexperimente ist möglich. Laborexperimente finden in künstlich, speziell zu diesem Zweck herbeigeführten Situationen statt, wie beispielsweise der Produkttest in einem Teststudio. Vorteilhaft sind hierbei die Möglichkeit der Überprüfung alternativer Variablen und die Möglichkeit der exakten Kontrolle. Bei Feldexperimenten wird der zu untersuchende Gegenstand nicht aus seiner Umgebung herausgelöst. Beispiele für Feldexperimente sind Store- und Markttest. Der Vorteil dieser Experimentvariante ist die Realitätsnähe.[51]
Eine für die Auswertung der Ergebnisse relevante Unterteilung ist die nach offener, quasi-biotischer und voll-biotischer Testsituation. Bei der offenen Testsituation weiß die betreffende Person, dass sie als Testperson in einem Experiment agiert, und sie weiß auch über die Art und den Zweck des Experimentes Bescheid. Bei dem quasibiotischen Test ist sich die betreffende Person bewusst, dass mit ihr ein Experiment durchgeführt wird, allerdings wird sie über Zweck und Ziel nicht informiert. Die natürlichsten Reaktionen auf die zu testende Variable lassen sich bei dem voll-biotischen Test gewinnen, bei dem die Versuchsperson weder den Zweck oder das Ziel des Experimentes kennt noch sich ihrer Position als Testperson bewusst ist.
Die weiter unten vorgestellten Produkttests sind Beispiele für einen experimentellen Erhebungstyp.

[49] Vgl. Berekoven, Ludwig; L./ Eckert, W./ Ellenrieder, P., (1993), a.a.O., S. 150.
[50] Vgl. Hüttner, M., (1999), Grundzüge der Marktforschung, 6. Auflage, München 1999, S.168.
[51] Vgl. Berekoven, L. ./ Eckert, W./ Ellenrieder, P., (1993), a.a.O., S. 154.

- **Panel**

Wird ein gleichbleibender Kreis von Auskunftspersonen über einen längeren Zeitraum hinweg fortlaufend oder in bestimmten Abständen über einen Gegenstand befragt, so spricht man von einer Panel-Befragung. Die Datenerhebung bei der Panel-Marktforschung wird mittels Befragung durchgeführt, kann aber auch durch Beobachtung erfolgen.

Grundsätzlich lassen sich Panels in Händler-Panels, Verbraucher-Panels und Spezial-Panels unterscheiden[52]. Spezial-Panels sind nach ihrer Zielsetzung abgegrenzt, während sich Händler- und Verbraucher-Panels auf den Befragtenkreis beziehen. Zu den Spezial-Panels gehören beispielsweise das Produkttest-Panel und die Hörer- und Seherforschung.

Da die Auswahl einer repräsentativen Gruppe von Testpersonen nur einmal erfolgen muss, weist die Panelerhebung finanzielle Vorteile auf. Auch in Bezug auf die Vergleichbarkeit bestimmter Daten im Zeitablauf ist die Panelerhebung vorteilhafter als bei einer ständig neu zusammengesetzten Testgruppe, beispielsweise bei der Beschreibung von Käuferwanderungen und der Marktentwicklung. Die Panelerhebung ermöglicht eine relativ schnelle Ermittlung von Informationen über schnell wechselnde Marktsituationen, da keine Zeit für die Organisation einer neuen Erhebungsrunde verloren geht.[53]

Ein methodisches Problem bei der Panelforschung besteht im sogenannten Panel-Effekt. Hierunter versteht man die Erscheinung, dass die Probanden im Laufe der Panel-Teilnahme bewusst oder unbewusst ihr Verhalten ändern und die zu testenden Produkte in Tagespresse und Werbung aufmerksamer verfolgen und effektiver wahrnehmen. Dieser Effekt kann zu Verzerrungen führen.

5.1.1.2 Produkttests in der Marktforschung

Die bereits beschriebenen gestiegenen Anforderungen an Produkte zwingen die Unternehmen zu Neu- und Weiterentwicklungen. Da jedoch jede Produktentwicklung und Markteinführung eines Produktes ein finanzielles Risiko für das Unternehmen

---

52 Eine weitere Untergliederung ist für die Händler- und Verbraucher-Panel möglich; siehe hierzu: Hüttner, M., (1999), a.a.O., S. 184ff.

53 Vgl. Nieschlag, Robert, Marketing, 18.Aufl., Berlin 1997, S. 748ff; vgl. Günther, M./ Vossebein, U., (1996) Paneldaten – Wesentlicher Bestandteil moderner Marktforschung, in: Planung & Analyse 3/96, S. 50.

darstellt, werden Produkttests dazu verwendet, Informationen über die Akzeptanz am Markt vor einer endgültiger Markteinführung zu gewinnen.[54]
Aus diesem Grund sind Testverfahren gerade im Bereich der Neuentwicklungen sehr wichtig und werden in allen Phasen der Produktentstehung sowie zur kontinuierlichen Produktverbesserung eingesetzt, also von der Konzepterstellung und -auswahl (Produktkonzepttests) über die Phase der konkreten Ausgestaltung (Produktgestaltungstests) bis hin zu Markttests, die das Käuferverhalten in Realsituationen testen sollen.

- **Produktkonzepttest**

Beim Produktkonzepttest beurteilt der Proband die Idee zu einem neuen Produkt oder einer Produktneuerung. In dieser Testphase liegt noch kein Prototyp vor, so dass die Beurteilung anhand graphischer Darstellungen oder verbaler Beschreibungen erfolgt. Die Produktbewertung kann deshalb auch nicht aufgrund eines Produkterlebnisses erfolgen, sondern nur aufgrund einer Produktvorstellung.[55]
Anhand von Konzepttests soll die Brauchbarkeit verschiedener Konzeptalternativen getestet werden. Weniger erfolgversprechende Produktideen werden ausgesondert. Hierbei werden die möglichen Produktkonzepte Marktpartnern, meist Konsumenten und dem Handel, vorgestellt, die dann eine Bewertung abgeben sollen.[56]
Bei der endgültigen Auswahl eines Konzeptes sollten verschiedene Erfolgsindikatoren berücksichtigt werden. Die vier wichtigsten Faktoren einer Innovation sind Neuheitscharakter, Konkurrenzvorteil, Normenadäquatheit und Bedürfnisadäquatheit. Der Konsument soll das Produkt oder eine veränderte Eigenschaft auch als „neu“ erkennen, und seine Neugier soll geweckt werden. Der Konkurrenzvorteil soll den Verbraucher dazu veranlassen, sich zu Gunsten des jeweiligen Produktes zu entscheiden. Darum sollte das Produkt zumindest in einem Merkmal besser als alle an-

---
54 Vgl. Salcher, Ernst F., a.a.O., S. 207.
55 Vgl. Berekoven, L./ Eckert, W./ Ellenrieder, P., (1993), a.a.O., S. 159.
56 Vgl. Gierl, Heribert, Marketing, Stuttgart 1995, S. 504; vgl. Hüttner, M., (1999), a.a.O., S. 531.

deren vergleichbaren Produkte sein. Unter Normenadäquatheit versteht man, dass das neue Produkt sowohl gesetzlichen Normen und Richtlinien entsprechen als auch mit den Wertmaßstäben der Gesellschaft übereinstimmen muss. Schließlich sollte beachtet werden, dass ein neues Produkt auch den Bedürfnissen in einer Gesellschaft entspricht.

- **Produktgestaltungstest**

Nachdem ein (oder mehrere) Produktkonzept(e) ausgewählt wurde(n), muss dieses Produkt in den Einzelheiten spezifiziert und optimiert werden. Hierzu werden Produkttests eingesetzt, die sich in Studiotests und Home-use-Tests unterteilen lassen. Studiotests (Labortests) zeichnen sich dadurch aus, dass Personen in ein Studio oder Labor eingeladen werden. Hier erfolgt dann zumeist ein Vorinterview, an das sich der Produkttest anschließt. Abschließend wird dann ein Nachinterview durchgeführt.[57] Zu den Studiotests gehören der Produktakzeptanztest, der Greifbühnentest, und der Tachistoskoptest.[58]
Unter einem Produktakzeptanztest wird eine gründliche Analyse des Testproduktes verstanden, wobei zum einen der erste, spontane Eindruck des Produktes auf den Verbraucher ermittelt wird und zum zweiten auch eine kritische und detaillierte Auseinandersetzung mit dem Produkt erfolgen soll. Es handelt sich also um einen sehr umfangreichen Test. Das Ziel dieser Tests liegt darin, die Aufnahmebereitschaft, d.h. die Akzeptanz des Produktes auf dem Markt, zu erschließen und zu ermitteln, durch welche Veränderungen die Akzeptanz erhöht werden kann. Beim Produktakzeptanztest wird die spontane Empfindung in Bezug auf das Produkt getestet, wobei die Testperson ihren ersten Eindruck durch die Beantwortung projektiver und assoziativer Fragen wiedergibt. Die Testperson wird dann nach Produktbesonderheiten gefragt um festzustellen, ob die Neuartigkeit des Produktes auch ersichtlich ist. Außerdem sollen der Zusatznutzen, die Produktgestaltung, das Design und das Aussehen des Produktes von der Testperson bewertet werden. Des Weiteren wird ermittelt, für welche Verwendung das Produkt geeignet erscheint und für welche weniger. Interessant sind auch die Preiserwartung und die Kaufbereitschaft in Bezug auf das zu testende Produkt sowie das Konkurrenzumfeld, in das es eingeordnet werden kann,

---

[57] Vgl. Hüttner, Manfred, (1999), a.a.O., S. 394.
[58] Vgl. Salcher, Ernst F., a.a.O., S. 218f.

woraus der zu erwartende Konkurrenzdruck ersichtlich wird. Wichtig ist ebenso ein Handhabungstest, bei dem Bedienprobleme aufgedeckt und der Bedienkomfort sowie die Leistung des Produktes bewertet werden sollen. Bei Lebensmitteln erfolgt ein Geschmackstest. In vielen Produktbereichen ist die Verpackung ein wesentlicher Erfolgsfaktor, beispielsweise in der Kosmetikbranche. Hier wird von den Probanden ebenfalls eine Beurteilung der Verpackung abgegeben.

Eine Greifbühne ist ein Kasten, in der vor der Testperson mehrere Produkte aufgestellt sind und diese für kurze Zeit sichtbar gemacht werden (z.B. durch Öffnen eines Vorhanges). Die Testperson muss jetzt spontan eines der Produkte herausgreifen. Bei diesem Test wird deshalb nicht nur die Wahrnehmung der Testpersonen angesprochen, sondern auch eine Wahlhandlung provoziert.[59]

Beim Tachistoskoptest werden der Testperson die zu testenden Produkte für extrem kurze Zeit gezeigt. Wird dabei die Darbietungszeit von 1/20 Sekunde unterschritten, kann das Produkt vom menschlichen Gehirn nicht bewusst erkannt werden, obwohl es im Gehirn abgebildet wird. Beim Menschen wird nun durch diese unbewusste Wahrnehmung eine emotionale Reaktion, wie „sympathisch und angenehm" oder „unsympathisch und unangenehm" ausgelöst.[60] In der Realsituation, beispielsweise im Supermarkt, kommt es zu demselben unbewussten Wahrnehmungsprozess, wenn der Blick des Kunden über die Regale wandert. Der Blick bleibt schneller bei einem Produkt hängen, welches prägnant in der Produktgestaltung ist und das spontan ein Gefühl von Sympathie auslöst.[61] Diese spontane, emotionale Reaktion kann auf verschiedene Weise ermittelt werden. Zum einen können Mimik, Körperhaltung und Gestik beobachtet werden. Des Weiteren kann aber auch eine Befragung stattfinden, oder die Emotion wird durch Messung von Herzfrequenz, Pupillenreaktion und ähnlichen physiologischen Reaktionen ermittelt.[62]

Ein großer Nachteil der zuvor dargestellten Produkttests ist, dass die Testpersonen die Tests in einem Labor oder Studio durchführen und wegen der durch die Testsituation hervorgerufenen Nervosität ggf. nicht natürlich reagieren. Man spricht hier von dem sogenannten „Laboreffekt". Durch Home-use-Tests kann dieser Laboreffekt weitestgehend reduziert werden. Die Testpersonen nehmen die zu testenden Pro-

---

59 Vgl. Pepels, Werner, (1995), Käuferverhalten und Marktforschung, Stuttgart 1995, S. 245.
60 Vgl. ebenda, S. 244.
61 Vgl. Salcher, Ernst F., a.a.O., S. 225.
62 Vgl. Berekoven, L./ Eckert, W./ Ellenrieder, P., (1993), a.a.O., S. 187.

dukte mit nach Hause und können sie dort in aller Ruhe testen oftmals über einen längeren Zeitraum hinweg.[63]

Bei der Ausgestaltung der Home-use-Tests sind mehrere Möglichkeiten denkbar. Eine erste Möglichkeit kann sein, zuerst ein Vorgespräch mit der Testperson vorzunehmen, bei dem die Bedürfnisse, Verwendungsmotive und Einstellungen im jeweiligen Produktbereich erfragt werden. In dieser vorgeschalteten Motivanalyse soll die allgemeine Einstellung der Testperson offengelegt werden, um sie bei der Auswertung der Ergebnisse berücksichtigen zu können. Beispielsweise kann ermittelt werden, ob eine Testperson einer bestimmten Bedürfnisgruppe angehört und aus diesem Grund voreingenommen in Bezug auf das Testobjekt ist. Nach dieser ersten Befragung wird der Testperson das zu testende Produkt ausgehändigt. Nach einer vereinbarten Testzeit wird eine zweite Befragung durchgeführt, die möglichst genau die mit dem Produkt gesammelten Erfahrungen und Empfindungen ermittelt. Des Weiteren soll von der Testperson auch eine detaillierte Beurteilung des Produktes im Vergleich zu Konkurrenzprodukten und eine Einstufung und Begründung der eigenen Kaufbereitschaft erfolgen.[64]

Eine vereinfachte Vorgehensweise ist der Verzicht auf die vorgeschaltete Motivanalyse. Jedoch könnten ohne Kenntnisse der Grundeinstellungen der Testperson aus den Antworten falsche Schlüsse gezogen werden.[65] Beispielsweise kann ein Produkt in der Bewertung als zu schlecht abschneiden, wenn eine Gruppe von Testpersonen diesem Produkt (der Firma, dem Markennamen usw.) von vornherein negativ gegenübersteht. Beurteilt diese Gruppe das Produkt als mittelmäßig, so ist diese Beurteilung anders zu gewichten, als wenn eine Gruppe, die dem Produkt (der Firma, dem Markennamen usw.) im Prinzip positiv gegenübersteht, dieses Urteil abgibt.

Eine sehr kostengünstige Methode ist der postalische Home-use-Test. Hierbei wird das zu testende Produkt an die Testpersonen versandt. Nach dem Ablauf der Testzeit wird der Testperson ein Fragebogen zugesandt, den sie ausfüllen und zurückschicken muss. Problematisch ist hierbei jedoch, dass Missverständnisse in der Produktanwendung und auch im Fragebogen auftreten können, die mangels persönlichem Dialog nicht geklärt wurden.[66]

---

[63] Vgl. Salcher, Ernst F., a.a.O., S.225f.
[64] Vgl. Salcher, Ernst F., a.a.O., S. 226.
[65] Vgl. ebd., S. 227.
[66] Vgl. ebd., S. 227.

Hilfreich, um die Beobachtungen und Empfindungen während der Testphase festzuhalten, ist die Anfertigung von Testprotokollen. In ihnen werden nach jeder Verwendung des Produktes von den Testpersonen stichwortartig die gesammelten Erfahrungen festgehalten. Sie bieten damit am Ende der Testphase umfassende qualitative Informationen.[67]

- **Markttest**

Vor einer endgültigen Einführung in den Markt ist es sinnvoll, die Erfolgschancen in der Realsituation zu überprüfen. Dazu wird das Verhalten der Verbraucher im realen Kaufgeschehen getestet. Das Produkt steht nicht mehr unter dem „Schutz" der Labor- oder Home-use-Test-Bedingungen, sondern es muss sich gegen Konkurrenzprodukte behaupten. Im realen Kaufumfeld muss für die Wahl des Produktes ein realer Preis bezahlt werden. Deshalb ist es wichtig zu wissen, ob das Produkt einem Preisvergleich standhält.[68]
Aufschluss sollen sogenannte Markttests geben, die einen probeweisen Verkauf des Produktes beinhalten. Der Verkaufstest gehört zu den „klassischen" Verfahren, während neuere Entwicklungen die Testmarktsimulation und das Mini-Testmarktverfahren hervorgebracht haben.[69]
Beim Verkaufstest erfolgt der probeweise Verkauf des Produktes in ausgewählten Geschäften. Der Ladentest ist eine Spezialform der Verkaufstests, bei dem die Abgrenzung des Verkaufsgebietes weniger räumlich als sachlich erfolgt. Demnach kann der Ladentest auch den Verkauf durch reisende Handelsvertreter und den Verkauf durch Kataloge beinhalten. In der Praxis finden sie jedoch meist tatsächlich in ausgewählten Geschäften statt.[70]
Im Gegensatz zur Spezialform des Ladentests versteht man unter einem Testmarkt einen regional begrenzten Markt, auf dem das zu testende Produkt angeboten wird.[71] Probleme können sich aus der Wahl des Testmarktes ergeben. Es ist darauf zu achten, dass die Bevölkerungs-, die Bedarfs-, die Handels- und die Wettbewerbsstruktur des Testmarktes möglichst repräsentativ für den Gesamtmarkt ist.[72]

---

[67] Vgl. Salcher, Ernst F., a.a.O., S. 225ff.
[68] Vgl. ebd., S. 228.
[69] Vgl. Hüttner, Manfred, (1999), a.a.O., S. 391.
[70] Vgl. ebd.
[71] Vgl. ebd., S. 392.
[72] Vgl. Berekoven, L./ Eckert, W./ Ellenrieder, P., (1993), a.a.O., S. 168.

Verkaufstests dauern in der Regel etwa zwei Monate.[73] In regelmäßigen Abständen, beispielsweise jede Woche, erfolgt die Erhebung der Werte der Testvariablen. Die Anzahl der einbezogenen Geschäfte liegt in der Praxis zwischen 20 und 50 Einzelhandelsgeschäften. Da bei dieser Art von Tests in die Sortiments- und Preispolitik eingegriffen wird, ist es jedoch oftmals schwierig, mitwirkungswillige Geschäfte zu finden.[74]

Durch Verkaufstests wird eine Neuentwicklung nicht nur der Öffentlichkeit, sondern auch der Konkurrenz präsentiert, die damit die Möglichkeit erhält, noch vor dem Eintritt des Produktes in den Markt mit geeigneten Gegenmaßnahmen zu reagieren. Diese Problematik und auch die vergleichsweise hohen Kosten dieser Methode führten dazu, dass die Bedeutung der klassischen Testmarktverfahren in den letzten Jahren abgenommen hat.[75]

Kostengünstiger als die klassischen Methoden sind die Testmarktsimulation und das Mini-Testmarktverfahren. Bei der Testmarktsimulation wird eine möglichst repräsentative Gruppe von Testpersonen in ein Labor eingeladen. Nach einem Vorgespräch und eventuell einer Vorführung des zu testenden Produktes werden die Testpersonen mit einem fiktiven Geldbetrag ausgestattet und durch einen simulierten Supermarkt geschickt. Nach Beendigung des (fiktiven) Einkaufes wird zur Ermittlung der Beweggründe der Testpersonen ein Nachinterview geführt. Wie bereits erwähnt, können hierbei Verzerrungen durch den „Laboreffekt“ und durch ein „Gefühl der Dankbarkeit“ bei eventuellen Vergütungen an die Testpersonen entstehen.[76]

Eine Kombination von Verkaufstests und Panels bietet das Mini-Testmarktverfahren. Hierbei erfolgt die Datenerfassung über ein Handelspanel mittels Scannererfassung wie beispielsweise bei dem Mini-Testmarkt der Firma IVE, bei dem mit einem Verkaufswagen Lebensmittel an Haushalte geliefert werden. Die Haushalte werden mit Kennummern versehen, so dass Verkaufszahlen, Artikelart, Menge, Zeit und räumliche Verteilung des Absatzes identifiziert werden können.[77]

Im Gegensatz zu den klassischen Verfahren liegen die Vorteile dieser Methode in den relativ geringen Kosten und der vergleichsweise hohen Aussagekraft der Ergeb-

---

[73] In der Literatur werden vielfach 6 Monate als Mindestdauer genannt, was auch sicherlich eine Kostenfrage ist (vgl. Hüttner, Manfred, (1999) a.a.O., S. 393).
[74] Vgl. Nieschlag, Robert, a.a.O., S. 841.
[75] Vgl. Hüttner, Manfred, (1999), a.a.O., S. 393.
[76] Vgl. ebd., S. 394.
[77] Vgl. Pepels, Werner, a.a.O., S. 267.

nisse bei genügend großer Fallzahl. Des Weiteren ist durch die relativ kleine Versuchsanlage die Möglichkeit gegeben, die Neuentwicklung relativ geheim zu halten und damit Gegenaktivitäten der Konkurrenz zu verhindern.[78]

5.1.2 Konzeption Virtueller Welten

Der Begriff der *Virtuellen Welt* findet sich in der Literatur häufig unter dem Synonym *Virtuelle Realität* (VR) wieder. Die partielle Betrachtung der Teilbegriffe *virtuell* (physikalisch nicht existent) und *Realität* (nachweisbar und überprüfbar) eignet sich nur bedingt für eine begriffliche Operationalisierung, so dass es nicht verwundert, dass diesbezüglich zahlreiche, teilweise divergierende Auffassungen existieren. Wir wollen in dieser Arbeit dem Verständnis von Hennig[79] folgen, nach dem VR eine Mensch-Maschine-Schnittstelle ist, „... die es erlaubt, eine computergenerierte Umwelt in Ansprache mehrerer Sinne als Realität wahrzunehmen." Diese erlaubt es, sich von solch oberflächlichen Eindrücken zu distanzieren, nach denen Virtuelle Realität untrennbar mit technischen Werkzeugen wie Datenhelmen, Handschuhen oder Brillen verbunden ist.

Eng verbunden mit dem Begriff der VR ist der der *Künstlichen Realität* (Artificial Reality), bei der der Benutzer zum äußeren Betrachter einer künstlichen Welt wird. Im Gegensatz dazu betont die VR den immersiven Ansatz, der davon ausgeht, dass der Benutzer eine künstliche Welt als seine Realität wahrnimmt und in sie „eintaucht", wobei die Technik, die dies ermöglicht, idealerweise völlig in den Hintergrund rückt.[80] Die *gesteigerte Realität* (Augmented Reality) stellt dabei eine Variante der VR dar, bei der Virtuelle Umgebung und reale Umwelt miteinander verschmelzen, indem beispielsweise Flugdaten und ein Zielerfassungssystem in die Vorderscheibe eines Flugzeugcockpits eingeblendet werden. Der fälschlicherweise oft als Synonym für VR verwendete Begriff des *Cyberspace* betonte ursprünglich neben dem Netzwerkcharakter einer rechnergenerierten Welt die abstrakte Datenrepräsentation und das zum menschlichen Nervensystem analoge neuronale Interface, wobei letztere Eigenschaften im heutigen Begriffsverständnis verloren gegangen sind. Damit besteht beim Cyberspace ein deutlich anderer Fokus als bei Virtuellen Welten.

---

[78] Vgl. ebd., S. 267.
[79] Vgl. Hennig, Alexander, a.a.O., S. 14.
[80] Vgl. ebd., S.14.

Der Zweck eines jeden Mediums ist die Immersion in die zu vermittelnden Inhalte, so dass der technologische Hintergrund des Mediums möglichst auszublenden ist. Zur Erreichung dieses Ziels sind die folgenden Grundbestrebungen erkennbar:

- die Überwindung von Zeit und Distanz
- die Erschließung neuer Rezeptionskanäle
- eine möglichst große Realitätstreue

Zur Operationalisierung dieser Ansätze lassen sich die in Abbildung 14 dargestellten Einflussfaktoren heranziehen.

Bei der Gestaltung Virtueller Welten können im Gegensatz zu anderen Medien wie Büchern, TV oder Radios prinzipiell alle Wahrnehmungssinne des Menschen adressiert werden. Zahlreiche anschauliche Beispiele hierzu finden sich bei Hennig[81]. Im Kontext internetbasierter Virtueller Welten spielen derzeit hauptsächlich visuelle und akustische Signale eine Rolle.

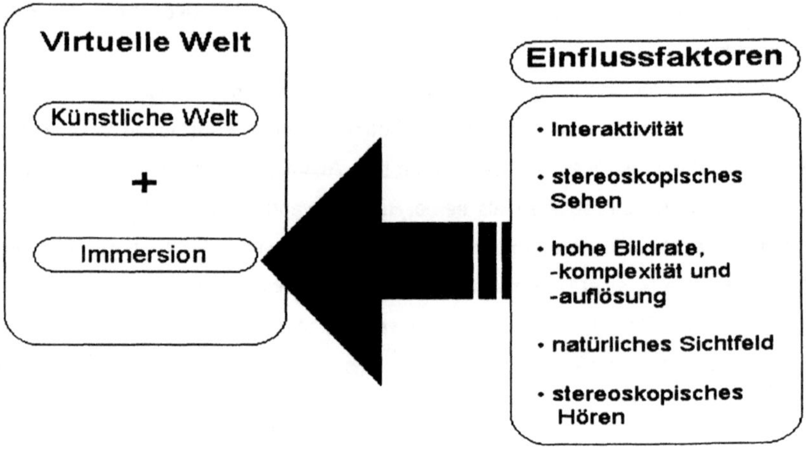

Abbildung 14: Einflussfaktoren auf die Immersion

[81] Vgl. ebd.

5.1.3 Technische Grundlagen Virtueller Welten im Internet

Die Realisierung von Virtuellen Welten im Internet kann mittels *Virtual Reality Modeling Language* (VRML) erfolgen, die ein internationaler Standard für interaktive 3D-Grafiken im Internet ist.

Die erste VRML 1.0-Spezifikation wurde im April 1994 von Silicon Graphics vorgeschlagen und basiert auf dem Dateiformat ihres Open Inventors, einer Programmbibliothek zur effizienten Erzeugung von 3D-Anwendungen. Bereits sechs Monate später wurde eine erste VRML-Spezifikation vorgestellt, die bereits alle heute in VRML existierenden Elemente zur Definition von 3D-Objekten in statischen Welten enthielt. Die im August 1996 vorgestellte VRML 2.0-Spezifikation fügte hauptsächlich interaktive Eigenschaften und Fähigkeiten hinzu und wurde mit geringen Änderungen 1997 als internationaler Standard VRML97 von der International Organization for Standardization (ISO) und der International Electrotechnical Commission (IEC) festgeschrieben.[82]

VRML ist keine Programmiersprache, sondern eine Beschreibungssprache für statische sowie dynamische (animierte) graphische Objekte, die über sogenannte *Hyperlinks* Verbindungen zu anderen Dokumenten wie Texten, Bildern und Bildsequenzen oder Audiosequenzen aufweisen können, des Weiteren auch zu Programmen, die bei bestimmten Ereignissen ausgeführt werden. VRML-Dateien besitzen kein proprietäres Format, sondern sind im ASCII-Format gehalten, so dass mit Hilfe einfacher Editoren die Erstellung Virtueller Welten möglich ist.[83] Um VRML-Welten betrachten zu können, ist eine interpretative Verarbeitung der VRML-Datei nötig, was durch eigenständige Programme oder auch durch an World-Wide-Web (WWW)-Browser angekoppelte Module (Plug-Ins) geleistet werden kann. Im Gegensatz zu den WWW-Browsern hat sich bei den VRML-Plug-Ins noch kein vergleichbarer Standard ergeben, so dass teilweise VRML-Welten bei verschiedenen Plug-Ins verschieden dargestellt werden.[84]

Eine durch VRML erzeugte Virtuelle Welt bzw. ihre entsprechende Datei läßt sich genauso wie eine gewöhnliche WWW-Seite bzw. -Datei von einem WWW-Browser

---

[82] Vgl. http://www.vrml.org/Specifications/VRML97/.

[83] Bei der Gestaltung komplexer Virtueller Welten ist die Verwendung graphischer Entwicklungsumgebungen anzuraten und auch üblich.

[84] Vgl. Kloss, J. et al., VRML97, Der neue Standard für interaktive 3D-Welten im World-Wide-Web, Bonn 1998, S. 71.

aus anfordern, indem entweder explizit mit Hilfe einer WWW-Adresse (Uniform Resource Locator) das Dokument angefordert wird oder ein Hyperlink eines HTML[85]-Dokuments angeklickt wird. Dabei wird jeweils eine Datei mit der Endung *.wrl* geladen. Der WWW-Browser selbst kann die VRML-Datei nicht interpretieren, dazu wird automatisch das entsprechende Plug-In geladen, das die Virtuelle Welt darstellt und dem Benutzer die vorgesehenen Möglichkeiten zur Interaktion bereitstellt.
VRML bietet Möglichkeiten, Bild-, Video- und Audioobjekte einzubinden sowie bei bestimmten Ereignissen wie z.B. dem Anklicken eines VRML-Objekts Programme ausführen zu lassen. Diese Programme müssen mit einer Skript- oder Programmiersprache erstellt worden sein, die der jeweilige Browser übersetzen kann. Es besteht insbesondere eine Schnittstelle zu Java-Programmen. Ferner bietet sich die Möglichkeit an, weitere HTML-Seiten zu laden oder auch weitere VRML-Dateien anzufordern, so dass sich ein Geflecht von VR-Szenen ergeben kann.
Abbildung 15 stellt die Schnittstellen einer in VRML generierten Welt nochmals graphisch dar.

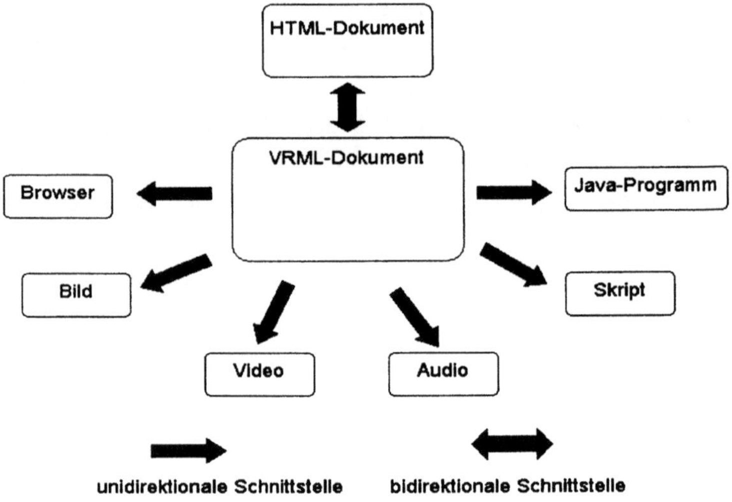

Abbildung 15: Schnittstellen einer VRML-Welt

[85] HTML (Hypertext Markup Language) ist die derzeitige Dokumentenbeschreibungssprache des WWWs.

Zur realistisch wirkenden Darstellung Virtueller Welten wird auf der Client-Seite eine leistungsstarke Hardware (insbesondere Prozessor, Graphikkarte und Monitor) benötigt. Die in diesem Bereich recht schnelle Entwicklung lässt vermuten, dass die diesbezüglichen Anforderungen kaum Probleme mit sich bringen werden. Interessanter dürfte die Frage werden, ob und wie das Internet genügend Übertragungskapazitäten- bzw. Bandbreiten bereitstellen kann, um die recht großen Datenmengen adäquat schnell übertragen zu können.

5.1.4 Produkttests in Virtuellen Welten

Oftmals steht die Marktforschung Fragestellungen gegenüber, bei denen eine Beobachtung oder Befragung allein zur Beantwortung nicht mehr ausreichen. In diesem Fall werden Untersuchungen durchgeführt, die unter kontrollierten und variierten Bedingungen stattfinden. Es handelt sich hierbei um Versuchsanordnungen, welche die Beobachtung und die Befragung nutzen, um die benötigten Daten zu erheben (Experimente).[86] In diese Kategorie gehören der Produktkonzepttest, der Produktgestaltungstest und der Markttest. Im Folgenden wird untersucht, welche der Produkttests auch in Virtuellen Welten stattfinden könnten oder bereits stattfinden.

5.1.4.1 Der Produktkonzepttest in Virtuellen Welten

Bei Produktkonzepttests kann die Beurteilung mangels eines Prototyps nur anhand graphischer Darstellungen und somit aufgrund einer Produktvorstellung und nicht aufgrund eines Produkterlebnisses erfolgen.[87]
Konzepte sind oftmals sehr komplex und unübersichtlich. Durch Virtual Reality können solche komplexen Sachverhalte strukturiert und übersichtlich dargestellt werden, wodurch es den Probanden einfacher gemacht wird, die Konzepte zu beurteilen. Virtual Reality bietet in diesem Bereich keinen Ersatz für die klassischen Verfahren an, sondern eine Verbesserung der graphischen Darstellungsmöglichkeiten der Konzepte und bestehender Zusammenhänge.
Als Beispiel für eine übersichtliche 3D-Darstellung von komplexen Zusammenhängen dient das Management-Informationssystem „Balance Sheet City“[88] des italienischen

[86] Vgl. Salcher, Ernst F., a.a.O., S. 112; vgl. Berekoven, L./ Eckert, W./ Ellenrieder, P., (1999), a.a.O., S.150.
[87] Vgl. Berekoven, L./ Ecker, W./ Ellenrieder, P., (1999), a.a.O., S. 159.
[88] Vgl. Hennig, A., a.a.O., S. 51.

Stromversorgungskonzerns ENEL. Einzelne Finanzeinheiten sind hier als schwebende Häuser dargestellt, die je nach finanzieller Lage steigen oder sinken. Durch „Betreten“ der Gebäude lassen sich detaillierte Informationen abrufen. Finanzströme zwischen den einzelnen Finanzeinheiten wurden als Treppen dargestellt und sind je nach Art und Ausmaß unterschiedlich ausgestaltet.[89]

Ähnlich wie bei „Balance Sheet City“, wo einzelne Finanzeinheiten durch schwebende Gebäude dargestellt werden, können im Rahmen eines Produktkonzepttests einzelne Konzeptvorschläge dargestellt werden. Die verschiedenen Produktideen werden in einem dreidimensionalen Koordinatensystem dargestellt. Die drei Koordinatenachsen können beispielsweise die Kosten (Produktions- und Materialkosten), die Produktionszeit und den voraussichtlichen Erlös (Verkaufspreis) darstellen. Durch eine Positionierung im dreidimensionalen Raum kann die aktuelle Einschätzung der einzelnen Konzepte im Hinblick auf die genannten Faktoren graphisch dargestellt werden und bei neuen Erkenntnissen beispielsweise bzgl. einer Erhöhung der Materialkosten flexibel variiert werden. VRML bietet neben dieser übersichtlichen Darstellung, die sicherlich in Bezug auf die Vergleichbarkeit einzelner Konzepte eine höhere Aussagefähigkeit als textbasierte Berichte oder zweidimensionale Bilder geben kann, auch die Möglichkeit, sich per Maus durch dieses Modell zu bewegen. Die einzelnen Objekte können von allen Seiten angesteuert und betrachtet werden, Eigenschaften wie beispielsweise die Farbe sind variierbar, und durch Mausklick auf die Objekte können weitere Informationen oder genaue Berichte abgerufen werden.

Durch dieses VR-System ist den bewertenden und den entscheidungstragenden Personen im Rahmen der Konzeptauswahl die Möglichkeit gegeben, bereits „auf den ersten Blick“ ein umfassendes Gesamtbild zu erhalten und sich detailliert zu informieren, ohne die Orientierung bezüglich der Einordnung zu den übrigen Informationseinheiten zu verlieren. Dieser Überblick über einen komplexen Sachverhalt stellt sicherlich eine gute Grundlage dar, um qualitativ hochwertige Entscheidungen bezüglich der Auswahl der Konzepte treffen zu können.

---

89 Vgl. Altmann, Andreas, Cyberfabriken, in: c´t, Ausgabe 15/1998, S. 97.

5.1.4.2 Der Produktgestaltungstest in Virtuellen Welten

Nach der Entscheidung für eines (oder mehrere) der Konzepte erfolgt die Spezifizierung und Optimierung des Produktes. Hierzu werden Produktgestaltungstests benutzt, welche sich grob in Home-use-Tests und in Studiotests unterteilen lassen.[90]
Die Besonderheit an Home-use-Tests ist, dass die Probanden die zu testenden Produkte zu Hause testen können.[91] Da es sich hierbei um reale Produkte handelt, kann der Home-use-Test bei Überlegungen zur Virtualisierung von Produkttests nicht berücksichtigt werden.
Bei der Untersuchung der Möglichkeiten des Einsatzes von VR im Bereich der Studiotests werden im folgenden wieder der Produktakzeptanztest, der Greifbühnentest und der Tachistoskoptest berücksichtigt (vgl. Abschnitt 5.1.1.2).
Der konventionelle Produktakzeptanztest lässt sich nicht durch VR ersetzen. Ersichtliche Produktbesonderheiten, Produktaussehen und Verpackungsdesign lassen sich anhand Virtueller Modelle bewerten, jedoch bei der gründlichen Analyse des Produktes weist der Virtuelle Prototyp erhebliche Schwächen auf. Ein Handhabungstest dient zur Aufdeckung von Bedienungsproblemen und zur Bewertung des Bedienungskomforts. Hierzu muss die Versuchsperson mit dem wirklichen Versuchsobjekt in realen Kontakt gebracht werden. Beispielsweise das Zischen einer Getränkeflasche beim Öffnen lässt sich simulieren, doch der fruchtige oder süße Geruch, die Griffigkeit der Flasche und viele andere Faktoren, die das Produkterlebnis beeinflussen, können bei einem Virtuellen Modell nicht abgebildet werden. Des Weiteren beinhaltet der Produktakzeptanztest bei Lebensmitteln auch die Verkostung der Testprodukte. Virtuelle Verkostungen sind ebenfalls nicht realisierbar, wodurch die konventionellen Verfahren unersetzbar bleiben. Möglich in diesem Bereich ist eine Kombination von VRML-basierten Produkttests und dem klassischen Home-use-Test. Probanden könnten über das Internet erste Produkteindrücke anhand von 3D-Prototypen beurteilen. Anschließend wird den Testpersonen ein Testprodukt postalisch zugeschickt, dessen Beurteilung wieder über das Internet erfolgen kann.
Zu anderen Ergebnissen gelangt man, wenn man die Möglichkeit von VR als Ersatz für den konventionellen Greifbühnen-Test untersucht. Auf einem Computerbildschirm lassen sich die Virtuellen Testobjekte ebensogut für kurze Zeit darstellen wie die re-

---

[90] Vgl. Salcher, Ernst F., a.a.O., S. 218.
[91] Vgl. ebd., S. 225f.

alen Produkte in einer Greifbühne. Die Wahlhandlung der Testperson kann dann durch einen Mausklick auf das entsprechende Testobjekt abgebildet werden. Der Vorteil, den der Einsatz von Virtual Reality bietet, besteht darin, dass die Testprodukte schnell und kostengünstig variiert werden können, was bei Tests mit realen Produkten in der Greifbühne jedes Mal die Produktion eines neuen Prototyps oder Dummies bedeuten würde.

Die Benutzung von VR beim Tachistoskoptest bringt keine Schwierigkeiten mit sich und erfordert keine große Umstellung. Um eine Darbietungszeit des Testobjektes von 1/20 Sekunden zu unterschreiten, werden bereits technische Geräte wie beispielsweise Diaprojektoren mit einstellbarer Projektionszeit genutzt.[92] Eine Darbietung von 3D-Produkten an einem Computermonitor stellt eine Alternative zu den konventionellen Techniken dar. Es stellt sich hier allerdings die Frage, ob der Einsatz von VR im Internet in diesem Fall sinnvoll ist, da die emotionalen Reaktionen als zentrales Feedback weder durch eine Beobachtung noch eine Messung physiologischer Veränderungen erfasst werden können.

5.1.4.3 Der Markttest in Virtuellen Welten

Nachdem das Produkt den Produktgestaltungstest durchlaufen hat und auf diesen Ergebnissen basierende Veränderungen durchgeführt wurden, dienen Markttests vor der endgültigen Einführung in den Markt zur Überprüfung der Durchsetzungsfähigkeit gegenüber Konkurrenzprodukten im realen Kaufgeschehen.[93]

- **Die Virtuelle Testmarkt-Simulation**

Testmarkt-Simulationen, bei denen die Probanden mit einem fiktiven Geldbetrag ausgestattet und durch einen Computer-simulierten Supermarkt geschickt werden, finden bereits in Virtuellen Offline-Welten statt.

Ein Beispiel hierfür ist das VR-System „Visionary Shopper", das von der Firma Treiber & Partner zu Marktforschungszwecken eingesetzt wird. Die Testpersonen müssen hierbei nicht entlang realer Supermarktregale gehen, sondern tätigen ihren Testeinkauf an einem Computermonitor, der Virtuelle Supermarktregale zeigt. In einer Testsitzung werden mehrere solcher Regale mit verschiedenen Pro-

---

[92] Vgl. Gierl, Heribert, a.a.O., S. 83.
[93] Vgl. Salcher, Ernst F., a.a.O., S. 227f.

duktkategorien in einer im voraus programmierten Darbietungssequenz durchlaufen. Mit einem Trackball kann die Testperson ihre Blickrichtung variieren. Produkte können aus dem Regal genommen, gedreht und betrachtet werden. Hier entsteht die Möglichkeit, zusätzliche Produktinformationen abzurufen. Durch einen Klick auf einen Einkaufswagen kann die Testperson ihren Kaufwunsch äußern. Des Weiteren kann das Visionary Shopper-System die Verweildauer des Probanden vor einem Testregal festhalten, ebenso die Beschäftigung mit einem Produkt wie beispielsweise das Herausnehmen aus einem Regal und das Betrachten.[94]

Im Anschluss an den fiktiven Einkauf erfolgt eine Nachbefragung, in der dem Probanden Fragen zu seiner Person, seinen Produktpräferenzen und seinen Einkaufs- und Konsumgewohnheiten gestellt werden.[95]

Der Vorteil gegenüber konventionellen Testmarktsimulationen ist, dass beim Visionary Shopper Verpackungs- und Produktdesign, Regalbelegung und Preise schneller und kostengünstiger variiert werden können als bei realen Supermarktregalen. Eine Variation realer Supermarktregale, gefüllt mit realen Produkten, beinhaltet jedes Mal die Herstellung eines neuen Dummies, das Umräumen der Produkte oder das Ändern und Anbringen von Preisschildern.

Einen nächsten Schritt stellt die Durchführung dieser Virtuellen Testmarktsimulation im Internet dar. Eine Einladung des Probanden in das Teststudio kann entfallen. Der Proband verwendet seinen eigenen Computer, um an dem Test teilzunehmen. Die anschließende Befragung kann über einen Online- oder per Mail-Fragebogen erfolgen.

- **Online-Shopping und der Verkaufstest im Internet**

Ein Bereich des Internets, der sich in letzter Zeit besonders verbreitet hat, ist das Online-Shopping, die Möglichkeit, Produkte über das Internet zu bestellen. Online-Shops und Malls[96] ziehen immer mehr Kunden an, und die Anbieter rechnen mit weiteren Steigerungen in den nächsten Jahren. Große Versandhäuser wie Quelle,

---

94 Vgl. Prospekt der Firma Treiber & Partner, Konzept - Forschung GmbH, Visionary Shopper, P-O-S-Analysen durch Virtual Reality.

95 Vgl. ebd.

96 Shopping-Malls sind Verkaufsstraßen oder –hallen im Internet, in denen sich mehrere Anbieter präsentieren. Kleinere Händler haben hier die Möglichkeit, sich in Netzwerken mit regem Besucherverkehr darzustellen. (Vgl. Resch, Jörg, Marktplatz Internet, Unterschleißheim 1996, S. 103.)

Otto und Neckermann haben in Ihren Online-Einkaufszentren Umsatzsteigerungsraten von über 200 Prozent zu verzeichnen, und Schätzungen von Datamonitor Europe zufolge werden allein die deutschen Verbraucher im Jahre 2001 beim Online-Shopping 2,4 Milliarden Mark ausgeben.[97]

Der Grund für diesen Boom sind die zahlreichen Möglichkeiten, die den Anbietern in dem Medium Internet zur Verfügung stehen. Beispielsweise können komfortable Suchmöglichkeiten angeboten werden, um dem Online-Kunden langes Suchen zu ersparen und so einen Vorteil gegenüber den konventionellen, realen Katalogen zu bieten. Digitale Güter wie Software und Informationen werden direkt über das Internet geliefert. Bei Vertrieb von CDs und Büchern können Hör- und Leseproben angeboten werden, bei anderen Produkten detaillierte Hintergrundinformationen, beispielsweise bei Reiseangeboten können Links zu den entsprechenden Fremdenverkehrsbüros führen. Des Weiteren bieten Softwareagenten die Möglichkeit, Kunden zu beraten und zu begleiten wie beispielsweise die Schlange Lydia in dem CD- und Bücherversand Medienparadies.[98] Durch Softwareagenten verliert der Online-Einkauf an Unpersönlichkeit und wird freundlicher. Online-Geschäfte müssen sich nicht an Ladenöffnungszeiten halten, d.h. sie sind 24 Stunden geöffnet und international erreichbar.[99]

Zur Zeit lassen sich über das Internet am besten die Waren des Buch- und Musikhandels, der Computeranbieter und der Touristikbranche vertreiben. Auch der Markt für kostenpflichtige Informationen wächst und kann in Zukunft den Anbietern einen erheblichen Umsatz einbringen.[100] Des Weiteren wollen auch mittlere und kleinere Unternehmen verschiedenster Branchen auf dem Marktplatz Internet präsent sein und dort Waren vertreiben. Ein Beispiel dafür, dass selbst Konsumgüter und Lebensmittel über das Internet vertrieben werden können, bietet eine EDEKA-Filiale unter der Webadresse: [www.members.aol.com/aktivmarkt/index.htm]. Das Sortiment kann hier in Katalogform mit Abbildungen der entsprechenden Ware abgerufen und bestellt werden. Ein spezieller Lieferservice bringt den Einkauf bis vor die Haustür.[101]

---

97 Vgl. Kossel Axel; Wronski, Hans-Jürgen, Web-Warenhäuser; in: c't, 11/98, S. 146.

98 Der CD- und Bücherversand „Medienparadies" ist unter der Web-Adresse: [www.medienparadies.de] zu finden.

99 Vgl. Kossel, Axel, Einkaufsbummel durchs Netz; vgl. Kossel Axel; Wronski, Hans-Jürgen, a.a.O., S. 142ff.

100 Vgl. Kossel Axel; Wronski, Hans-Jürgen, a.a.O., S. 146.

101 Dieser Lieferservice ist lokal begrenzt.

Ferner wird die Möglichkeit angeboten, neben den „Angeboten der Woche“ auch Kochrezepte aufzurufen. Sämtliche Angestellte der Filiale werden namentlich genannt, und ein persönlicher Kontakt zur Filiale ist per Email möglich.[102]

Leider sind viele Internet-Shops schlecht konzipiert und bieten nicht viel mehr Komfort als Kataloge aus Papier. Während der Kunde im realen Kaufhaus oft mit Musik und einem ansprechbarem Umfeld zum Verweilen animiert wird, werden die Möglichkeiten von Audio- und Videoeinlagen in Online-Shops nicht genutzt. Unbequeme Benutzerführung kann den Kunden sogar verärgern und dazu führen, dass er den Virtuellen Laden verlässt, ohne etwas zu bestellen. Dies kann beispielsweise der Fall sein, wenn der Kunde am Ende seines „Einkaufes“ einen Bestellschein ausdrucken muss, den er selber ausfüllen und per Post oder Fax versenden muss. Auch Online-Formulare stellen keine benutzerfreundliche Lösung dar, wenn der Kunde vorher eine zwanzigstellige Artikelnummer auf Papier notieren muss, um sie anschließend in ein Online-Formular eintragen zu müssen. In diesen Fällen ist es für einen Internet-Kunden unattraktiv, über das Internet zu kaufen und Online-Gebühren zu zahlen, wenn er sich das gleiche Angebot auch in Katalogform meist sogar kostenlos zuschicken lassen kann. Anbieter im Internet müssen die technischen Möglichkeiten ausschöpfen, um den Marktplatz Internet weiter auszubauen.

Die neuesten Entwicklungen auf diesem Gebiet deuten auf die Einbeziehung der Nutzung von Virtual Reality in Form von 3D-Einkaufmärkten. Der Effekt, der durch VR in diesem Bereich erzielt wird, kann folgendermaßen beschrieben werden: „Plötzlich ist der Shop wirklich ein Shop, in dem man sich von Regal zu Regal bewegen und sich die angebotenen Produkte in Ruhe anschauen kann wie in der Realität. Auf diese Weise lassen sich komplexe Angebote übersichtlich und klar darstellen, der Nutzer findet sich auf natürliche Art und Weise zurecht.“[103]

Wie so etwas aussehen kann, zeigt die Mediascape Communications GmbH unter der Webadresse: [3d.mediascape.de]. Anhand ihres „Ersten Virtuellen Einkauf-Center Deutschlands“ zeigt der Hamburger Service- und Content-Provider, wie Online-Shopping zu einem interessanten Einkaufserlebnis werden kann. Der Besucher kann sich mit Hilfe seiner Maus durch eine dreidimensionale Welt bewegen. Ausgangspunkt dieses Einkaufserlebnisses ist die Eingangshalle, in der sich ein Fahrstuhl be-

---

[102] Vgl. [http://members.aol.com/edekaaktiv/index.html].
[103] Resch, Jörg, a.a.O., S. 119.

findet. Durch Mausklick auf die Fahrstuhltür öffnet sich diese. Nach Betreten des Fahrstuhls lässt sich ebenfalls per Mausklick ein Stockwerk wählen. Während der Fahrt kann man sich umdrehen und umschauen. Das Aussteigen im ersten Stock führt den Besucher in die eigentliche Shopping-Galerie.[104]

Um Produkte zu präsentieren, ist diese aufwändige Gestaltung sicherlich nicht notwendig, jedoch spielt die Kaufumgebung und Geschäftsgestaltung in der realen Welt eine große Rolle und sollte auch beim Online-Shopping ernst genommen werden.

Ein weiteres Beispiel bietet der Lehrstuhl für Wirtschaftsinformatik an der Rheinisch-Westfälischen Technischen Hochschule Aachen an. Mit dem Projekt BENEVIT wurde ein dreidimensionaler, internetfähiger VRML-Supermarkt geschaffen. Der Besucher kann sich per Maus durch einen Gang mit Regalen bewegen. Die Interaktion mit in den Regalen befindlichen Objekten soll möglich sein. So kann der Besucher durch Mausklick eine vorbestimmte Aktion der Objekte auslösen, beispielsweise das Drehen eines Objektes. Am Ende des Ganges kann er mit einem Klick auf einen Link in eine andere Abteilung wechseln. Durch dieses Aufteilen des gesamten Supermarktes in mehrere Welten werden weniger Systemressourcen belegt, da immer nur die aktuelle Abteilung geladen und aktualisiert werden muss.

Eine Grundidee bei dem Projekt „Virtual Store" ist, einen dreidimensionalen Virtuellen Supermarkt zu erschaffen, der mit Produkten gefüllt ins Internet geschaltet und zu Verkaufstests benutzt werden kann.

Es bestehen zwei Möglichkeiten, 3D-Supermärkte für Verkaufstests zu nutzen. Die erste Möglichkeit besteht darin, den Supermarkt im Rahmen einer Testmarktsimulation per Internet zu nutzen. Hierbei müssen Probanden für die Teilnahme an diesem Test geworben werden entweder über das Internet oder auf klassische Weise durch Ansprechen auf der Straße oder im Supermarkt.[105] Die zweite Möglichkeit besteht darin, den 3D-Supermarkt im Rahmen eines Online-Verkaufs zu nutzen. Der Kunde kann vom heimischen Computer aus seine Einkäufe tätigen. Er bewegt sich per Maus durch ein dreidimensionales Abbild eines Supermarktes, kann Produkte aus dem Regal nehmen, drehen und Hintergrundinformationen aus einer Datenbank abfragen. Produkte, die er kaufen möchte, legt er per Mausklick in einen Einkaufswagen, und er kann sich den aktuellen Stand der Preissumme der Produkte im Ein-

---

[104] Vgl. [http://3d.mediascape.de/shopping-galerie/eingangmenu.html].

[105] Vgl. Treiber, Bernhard, Virtuelles Shopping, in: Planung & Analyse, 2/96, S. 36.

kaufswagen anzeigen lassen. Seine Einkäufe werden ihm bis an die Tür geliefert. Die Bezahlung erfolgt auf klassische Weise, beispielsweise durch Überweisung oder per Nachnahme, durch Kreditkartenzahlung oder auch durch neuere Zahlungsmethoden über das Internet mit Virtuellem Geld wie Digicash, Cybercash oder Ähnlichem.[106]

Was für den Kunden eine bequeme und zeitsparende Möglichkeit darstellt, rund um die Uhr seine Einkäufe zu tätigen, ist für den Marktforscher ein neues und interessantes Betätigungsfeld. Mit verschiedenen, bereits vorgestellten Methoden der Beobachtung im Internet ist es möglich, den Kunden in einem dreidimensionalen Virtuellen Supermarkt zu beobachten, ohne dass er sich seiner Position als Testperson bewusst ist.

Durch die Möglichkeit des Probanden, den Einkauf in Ruhe vom heimischen Computer aus zu tätigen, und die Unwissenheit über die Position als Testperson wird der Laboreffekt vermieden. Ein weiterer Vorteil, der sich kostensenkend auswirkt, ist die Tatsache, dass bei Verkaufstests im Internet die menschliche Beobachtungsperson eingespart werden kann. Im Internet-Supermarkt kann die Verweildauer der Kunden im Supermarkt, der Weg, der zurückgelegt wird, die Beschäftigung mit einem Produkt, z.B. das Herausnehmen und das Drehen und die Kaufaktion oder das Zurückstellen des Produktes festgehalten werden, ohne dem Probanden das Gefühl zu geben, er werde beobachtet. Des Weiteren bietet diese Art der Datenerhebung einen zeitlichen Vorteil, da bereits während des eigentlichen Vorgangs schon Daten zur Auswertung zur Verfügung stehen. Das Medium Internet ist international verbreitet, was den Vorteil mit sich bringt, ohne gravierende Mehrkosten auch ausländische Märkte auf die Akzeptanz des Testproduktes eventuell in nationalspezifischer Version zu überprüfen.

Während das Verhalten des Online-Shoppers wie beispielsweise das Stehenbleiben vor einem Regal, das Herausnehmen und das Betrachten eines Produktes und das Zögern bei Aktionen in VR-Welten festgehalten werden kann, besteht im Gegensatz zur klassischen Beobachtung mit menschlichen Beobachtern oder Kameras nicht die Möglichkeit, die Mimik festzuhalten, beispielsweise das Lächeln als positive Reaktion auf ein Produkt oder das Verziehen des Gesichtes als negative Reaktion. Um den

---

[106] Zur Funktionsweise des elektronischen Zahlungsverkehrs im Internet: Birkelbach, Jörg, Cyber Finance, Wiesbaden 1997, S. 117ff.

ersten Eindruck, den ein Produkt vermittelt, zu ermitteln, ist man auf die Auskunftsbereitschaft der Testperson angewiesen. VR bietet die Möglichkeit, diese Befragungen interessanter zu gestalten, als sie in realen Supermärkten mit menschlichem Personal stattfinden können. Ausgefallene Avatare (graphische Repräsentationen von Figuren in Virtuellen Welten) können dem Online-Shopper die Testfragen stellen. Während solche Point-of-sale-Befragungen[107] in realen Supermärkten auf den oft schon durch andere Faktoren gestressten Kunden zeitraubend und störend wirken, könnten phantasievolle Avatare aus einem Online-Shop eine Einkaufswelt mit Erlebnischarakter schaffen. Vorstellbar ist beispielsweise, dass beim Virtuellen Griff zu einem bestimmten Produkt (dem Testprodukt) die Schlange Lydia unter einem Regal zischend hervorkriecht und nach den Beweggründen fragt: „Zisch, entschuldigen Sie, was an diesem Produkt finden sie besonders auffällig? Warum haben Sie sich ausgerechnet dafür entschieden?“ Eine auf diese Weise phantasievoll verpackte Marktforschung erfordert sicherlich nicht mehr sehr viel weitere Motivation, um den Kunden zur Beantwortung der Frage zu animieren, was eine hohe Antwortquote verspricht.

Einen Nachteil haben der Verkaufstest im Virtuellen Laden und die klassische Form im realen Geschäft gemeinsam. Das zu testende Produkt wird vor endgültiger Markteinführung der Öffentlichkeit und somit auch der Konkurrenz präsentiert, die dadurch die Gelegenheit erhält, mit geeigneten Gegenmaßnahmen zu reagieren.[108] Im Gegensatz zur beschriebenen Testmarktsimulation bietet der Mini-Testmarkt die Möglichkeit, den Kreis der „Eingeweihten“ relativ gering zu halten.

- **Das Mini-Testmarktverfahren in Virtuellen Welten**

Neben der Testmarkt-Simulation und dem Verkaufstest gehört das Mini-Testmarktverfahren ebenfalls zu den Markttests.[109] In der klassischen Variante findet der tatsächliche Verkauf von Waren statt, der durch Haushalts-Kennnummern den einzelnen Panel-Teilnehmern zugeordnet werden kann.[110]

Mini-Testmarktverfahren können ebenfalls in Virtuellen Online-Läden stattfinden. Nach der Rekrutierung eines Panels entweder aus der Menge der Online-Shopper

[107] Befragungen, die am Verkaufsort stattfinden.
[108] Vgl. Hüttner, Manfred, a.a.O., S. 393.
[109] Vgl. Berekoven, L./ Eckert, W./ Ellenrieder, P. (1999), a.a.O., S. 167ff.
[110] Vgl. Pepels Werner, a.a.O., S. 267.

oder wieder auf klassischem Wege beispielsweise durch Ansprechen auf der Straße oder im Supermarkt erfolgt die Ausstattung aller Panel-Teilnehmer mit einer Identifikationsnummer (Mitgliedsnummer) oder mit einem Passwort. Nach Eingabe des Passwortes oder der Identifikationsnummer und der Überprüfung der Rechneradresse[111] wird dem identifizierten Panel-Teilnehmer der Zugang zum internetbasierten VR-Supermarkt gewährt, in dem das Testprodukt vorhanden ist. Wie bei den „öffentlichen" Internet-Verkaufstests kann der Panel-Teilnehmer in diesem Supermarkt einkaufen und sich die Waren nach Hause liefern lassen.

Problematisch ist, dass zwar der Rechner identifiziert werden kann, aber nicht überprüft werden kann, ob wirklich der rekrutierte Panel-Teilnehmer vor dem entsprechenden Rechner sitzt. Falls er die Identifikationsnummer bzw. das Kennwort an Familienmitglieder oder Bekannte weitergegeben hat, können diese eventuell das Testergebnis verfälschen. Dies ist beispielsweise der Fall, wenn eine Testperson regelmäßig ein bestimmtes Produkt bestellt hat und ein Familienmitglied ein Konkurrenzprodukt bestellt. Hieraus könnte nun fälschlicherweise der Schluss gezogen werden, das bis jetzt gekaufte Produkt erfülle nicht mehr die Erwartungen der Testperson.

Ein weiteres Problem kann sich durch die Vielseitigkeit des Mediums Internet ergeben. Innerhalb weniger Sekunden ist es möglich, verschiedene Internet-Shops zu besuchen und Angebote zu vergleichen. Bietet ein anderer Shop eine bessere Gestaltung oder interessantere Avatare, so kann der Panel-Teilnehmer das Interesse am Test-Shop verlieren. Um einer schnellen Panel-Sterblichkeit entgegenzuwirken, können die Panel-Teilnehmer Sonderkonditionen im Testmarkt erhalten wie beispielsweise eine kostenlose Anlieferung der Waren, kostenlose Probepackungen der Testprodukte oder die Berechtigung auf eine Teilnahme an einem Gewinnspiel. Durch Mini-Testmarktverfahren in VR-Läden können die Vorteile genutzt werden, die das Medium Internet bietet wie beispielsweise eine standortunabhängige, schnelle und kostengünstige Datenerhebung. Zugleich wird der Konkurrenz nicht die Möglichkeit gegeben, sich schon vor der endgültigen Markteinführung auf das neue Produkt einzustellen.

---

[111] Jeder Rechner im Netz besitzt eine eindeutige numerische Adresse, die ihn eindeutig identifiziert (Vgl. Alpar, Paul, Kommerzielle Nutzung des Internets, Berlin 1996, S. 28ff).

5.1.5 Test gängiger Marktforschungsmethoden in Virtuellen Verkaufswelten

Zur prototypischen Untersuchung von Konsumentenverhalten in Virtuellen Internetwelten wurde im Forschungsprojekt ein Virtueller Supermarkt als Verkaufswelt erstellt, mit dem die im Folgenden vorgestellten Marktforschungsmethoden angewandt wurden.

Grundsätzlich wird im Rahmen des Projekts BENEVIT zwischen solchen Testverfahren unterschieden, die innerhalb des Virtuellen Supermarktes durchgeführt werden können, und jenen, die für die Durchführung spezielle „externe" Testaufbauten innerhalb des Virtuellen Supermarkts benötigen. Darüber hinaus werden die Testverfahren, die innerhalb des Virtuellen Supermarkts angewandt werden, nach der Art ihres Informationsgehalts in quantitative und qualitative Testverfahren unterteilt. Es handelt sich bei den Testmethoden, die innerhalb eines Virtuellen Supermarkts durchgeführt werden können, um die Adaption der traditionellen Markttests und Kundenlaufstudien und bei den Methoden, die bei „externen" Testaufbauten innerhalb des Virtuellen Supermarkts angewendet werden, um Produkttests.

- **Quantitative Testverfahren**

Bei den quantitativen Testverfahren innerhalb des Virtuellen Supermarkts wird die Häufigkeit von untersuchungsrelevantem Verhalten des einzelnen Probanden gemessen. Zum untersuchungsrelevanten Verhalten zählen jene Handlungen des einzelnen Probanden, die in aggregierter Form beispielsweise Auskunft über Produkt- oder Preisakzeptanz geben können.

Die Handlungen des einzelnen Probanden, die in diesem Zusammenhang hinsichtlich ihrer Häufigkeiten gemessen werden können, beziehen sich z.B. auf die

- Probanden, die insgesamt am Produkt vorbeigehen,
- Probanden, die das Produkt im Regal betrachten,
- Probanden, die das Produkt auswählen und näher betrachten,
- Produkte, die der Proband vergleicht,
- Probanden, die das Produkt kaufen und
- Probanden, die das Produkt wieder zurücklegen.

- **Qualitative Testverfahren**

Neben der Messung von quantitativen, statistischen Größen ermöglicht die Virtuelle Testumgebung darüber hinaus auch die Aufzeichnung von qualitativ relevantem Verhalten seitens des Probanden, also Verhalten, das beispielsweise Auskunft über die Intensität der Beschäftigung des Probanden mit dem Produkt oder über die Spontanität der Zuwendung zum Produkt gibt. In Bezug auf qualitativ relevantes Verhalten kann für einen jeweiligen Probanden aufgezeichnet werden,

- welche Produkte vom Probanden ausgewählt werden,
- wie schnell ein Produkt ausgewählt wird,
- wo der Ort der Produktentnahme am Regal ist,
- wie lange sich der Proband mit dem Produkt beschäftigt und
- ob Detailinformationen abgerufen werden.

- **Kundenlaufstudien**

Wie im traditionellen Supermarkt ist es in Virtuellen Supermärkten ebenfalls grundsätzlich erstrebenswert, die Kunden durch alle Abteilungen der Virtuellen Verkaufswelt zu führen. Inwieweit dies gelingt, kann durch sogenannte Kundenlaufstudien erforscht werden. Hierbei wird der Proband nicht nur am „point of purchase“ beobachtet, sondern während seines gesamten Aufenthalts im Virtuellen Supermarkt (siehe Abbildung 16). Neben der graphischen Ausgabe der Kundenlaufwege innerhalb des Virtuellen Supermarkts erscheint eine graphische Aufbereitung der Daten hinsichtlich der Verteilung der Kundenfrequenzen nach Gängen und Regalen ebenfalls hilfreich (siehe Abbildung 17).

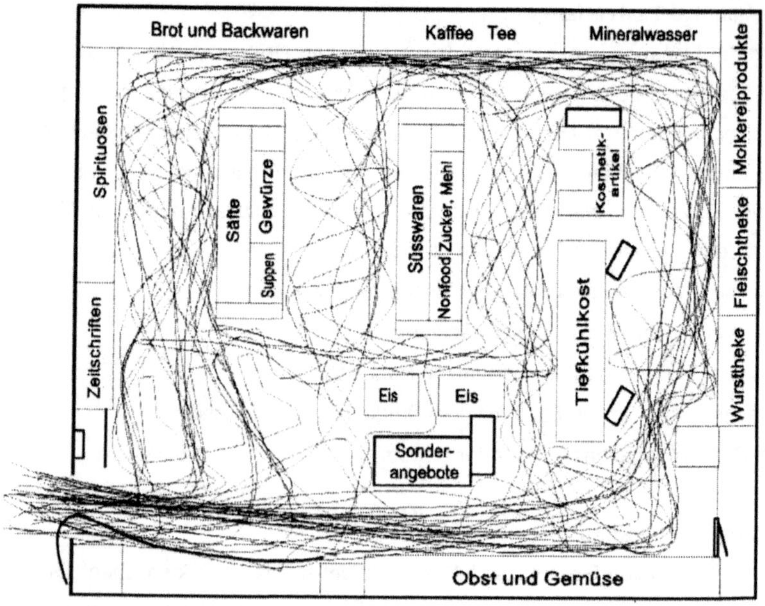

Abbildung 16: Der Kundenlauf im Supermarkt[112]

Dabei ist es sinnvoll, das Kundenverhalten nach folgenden Aspekten zu erfassen und graphisch auszugeben:

- Wege der Probanden innerhalb des gesamten Virtuellen Supermarkts
- Kundenfrequenz nach Gängen
- Kundenfrequenz nach Regalen

Darüber hinaus gibt es weitere Größen, die im Rahmen der Durchführung einer Laufstudie in Virtuellen Welten aufgezeichnet werden können:

- exaktes Datum
- Betreten des Virtuellen Supermarkts (Zeitpunkt)
- Verlassen des Virtuellen Supermarkts (Zeitpunkt)
- getätigte Einkäufe bezogen auf jeden Probanden

[112] In Anlehnung an Becker, W., Beobachtungsverfahren in der demoskopischen Marktforschung, Stuttgart 1973, S. 208.

- Summe der Einkäufe bezogen auf jeden Probanden
- Aufenthalt an relevanten Regalen bezogen auf jeden Probanden

Kundenlaufstudien dienen innerhalb Virtueller Testmärkte zwei Zielen: zum einen bieten sie die Möglichkeit, das Layout eines Virtuellen Supermarkts zu überprüfen und ggf. anzupassen. Zum anderen lassen sich die Örtlichkeiten innerhalb des Virtuellen Supermarkts ermitteln, die sich potentiell aufgrund einer besonders starken Kundenfrequenz gut für Promotionsaktionen eignen. Darüber hinaus bieten Kundenlaufstudien die Möglichkeit, mittels der oben aufgeführten Größen Impulskäufe zu erfassen. Solche Impulskäufe können beispielsweise durch Promotionsaktionen und Imagebildung vorbereitet sein oder aber durch das Produkt selbst, durch dessen Verpackung oder Preis.[113]

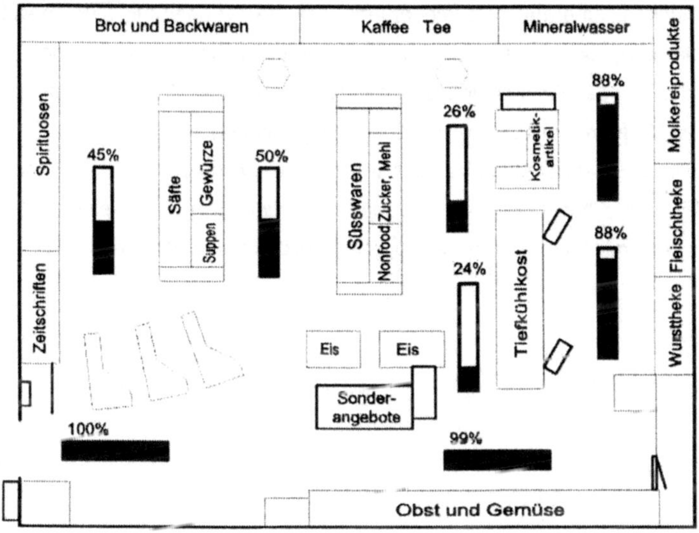

Abbildung 17: Kundenfrequenz der Gänge (in % aller Kunden)[114]

---

[113] Vgl. Becker, W; 1973, Beobachtungsverfahren in der demoskopischen Marktforschung, Stuttgart 1973, S. 144f.

[114] Vgl. ebd., S. 211.

5.1.5.1 Testaufbauten

Innerhalb des Produktentwicklungsprozesses ist der Produkttest dem Markttest vorgeordnet. Im Rahmen des Produkttests werden die Produkte bezüglich ihrer Produktattribute (Design, Farbe, Verpackung etc.) bewertet bzw. Tests bezüglich ihrer Produktwirkung, Produktwahrnehmung oder des Produkterlebnisses durchgeführt. Da zur Realisierung von Produkttests vielfach apparative Vorrichtungen nötig sind, müssen auch in Virtuellen Welten entsprechende Adaptionen solcher Vorrichtungen in Form von speziellen Testaufbauten in den Virtuellen Supermarkt integriert werden. Zur Durchführung dieser Produkttests kann der Proband im Virtuellen Supermarkt eingeladen werden, durch eine Tür in einen Raum zu gehen, wo er dann mit der entsprechenden Versuchsanordnung konfrontiert wird. Alternativ wird die Versuchsanordnung, soweit sie methodisch sinnvoll und realisierbar ist, in den Verkaufsräumen des Virtuellen Supermarkts durchgeführt, wobei der Proband im Zuge des Einkaufs beispielsweise durch Avatare zur Teilnahme an einem Versuch eingeladen wird.
Folgende Tabelle gibt Auskunft über die zur Adaption zur Verfügung stehenden apparativen Verfahren in der traditionellen Marktforschung.
Einem virtuellen apparativen Versuch wie beispielsweise dem Tachistoskoptest kann eine Befragung nachgeschaltet werden, die entweder in Form eines befragenden Avatars oder mittels eines Online-Fragebogens durchgeführt werden kann.

Technik/Verfahren	Anordnung	Meßobjekt	Eignung für
Tachistoskop	Apparatur, mittels derer Objekte nur für wenige Millisekunden optisch dargeboten werden	Perzeption einzelner Elemente, „vorrationaler" Anmutungs- und Aufforderungscharakter	Packungstest, Formtest, Schrifttest
Perimeter	Vorrichtung zur Darbietung von Objekten in der Peripherie des Blickfelds	Frühe Anmutungen	Warenzeichentest
Anglemeter	Steuerbare Drehscheibe, mittels derer die (relevante) Seite eines Objekts dem Betrachter langsam zugewandt wird	Erkennbarkeit	Packungstest
Deformationstechnik	z.B. Blickspalt, hinter dem ein Objekt rasch vorbei bewegt wird	Gestaltfestigkeit	Markentest, Warenzeichentest, Formtest
Schnellgreifbühne	Vorrichtung, mittels derer Objekte kurzzeitig dargeboten werden. Ein Objekt muß von der Versuchsperson in dieser Zeit entnommen werden	Spontaner Aufforderungscharakter, unreflektierte Wahlakte	Packungsvergleich

Tabelle 1: Apparative Verfahren für Produkttests[115]

5.2 BENEVIT-Standard

Zur Systematisierung der marktforschungsrelevanten Konsumentenaktivitäten in Virtuellen Welten wurde der (offene) BENEVIT-Standard entwickelt, der aus den Aspekten "Dimensionen", "Atome", Moleküle und "Datenbeschreibung" besteht (s. Abbildung 18). Es folgt eine formale Spezifikation dieses Standards, die insbesondere für den informatisch interessierten Leser von Interesse ist. Der eilige Leser sei entwarnt, es lassen sich die wesentlichen aufzuzeichnenden Marktforschungsaktivitäten der Abbildung unmittelbar entnehmen.

Die ersten drei standardisieren die erfassbaren, marktforschungsrelevanten Aktivitäten, die Datenbeschreibung regelt die syntaktische und semantische Behandlung von elementaren Probandenaktivitäten, im BENEVIT-Standard Atome genannt, so dass eine einheitliche Interpretation der im Datenpool abgelegten Daten möglich ist.

[115] Vgl. Berekoven, L./ Eckert, W./ Ellenrieder, P. (1999), a.a.O., S. 160.

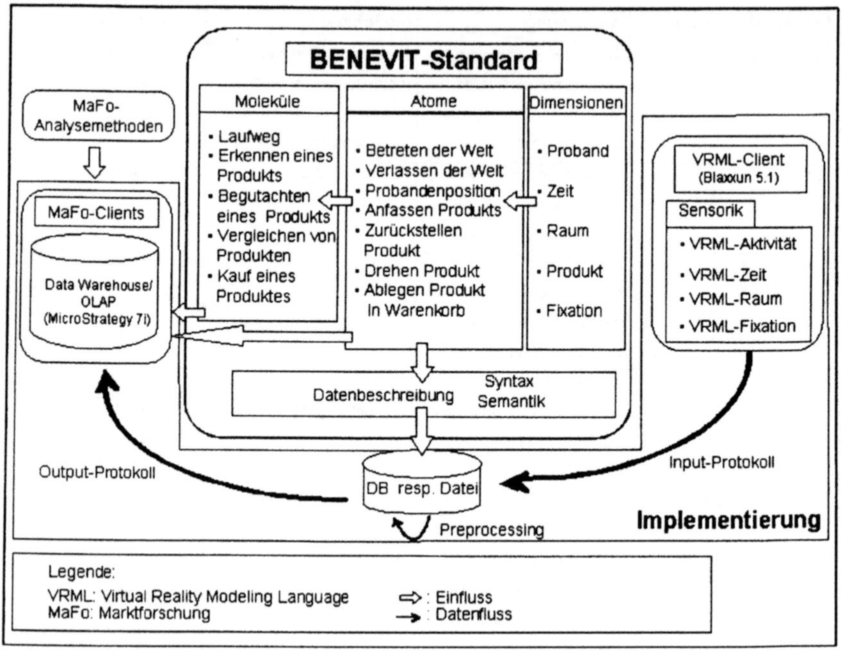

Abbildung 18: BENEVIT-Standard

5.2.1 Dimensionen

Die Spezifizierung von elementaren Probandenaktivitäten erfolgt anhand der fünf Dimensionen *Proband*, *Zeit*, *Raum*, *Produkt* und *Fixation*, d.h. jede Aktivität *a* lässt sich mit einer Kombination entsprechender Ausprägungen (*p, t, r, i, f*) parametrisieren bzw. beschreiben, wobei nicht jede Aktivität alle Dimensionen verwenden muss. Die Dimensionen haben folgende Bedeutung bzw. Ausprägungen:

- Proband (Parameter *p*). Hiermit ist ein Probandenidentifizierer gemeint.
- Zeit (Parameter *t*). Es handelt sich um den Zeitpunkt der Aktivität, der relativ zu einer für alle Probanden fixen Zeitverankerung (beispielsweise Unix Timestamp, der sich auf den 01.01.1970, 00:00:00 GMT Uhr bezieht und die seitdem verstrichene Zeit in Sekunden angibt) oder relativ zum probandenspezifischen Zeitpunkt des Betretens der Welt verstanden werden kann. Die Zeit kann in unterschiedlicher Granularität angegeben werden, beispielsweise auf Sekundenbasis oder Zehntelsekundenbasis.

- Raum (Parameter *r*). Die Position des Probanden im dreidimensionalen Verkaufsraum kann als Raumtupel (x,y,z) relativ zu seinem Ursprung verstanden werden.
- Produkt (Parameter i=item). Der Produktidentifizierer bezieht sich auf ein konkretes Produkt im Supermarkt, beispielsweise das Nudel-Produkt im obersten Regal am linken Rand.
- Fixation (Parameter f). Die Fixation bezeichnet entweder die Blickrichtung des Probanden oder die Art der Drehung eines Produkts, z.B. eine Rotation um x Grad um eine bestimmte Drehachse.

Beispielsweise hält sich der Proband „Sgt. Pepper“ am 29.02.2000 um 8:23:24 GMT an der Position (100,20,40) auf, die Probandenposition wird hier als Aktivität verstanden. Ihre (*p, t, r, i, f*)-Parametrisierung ergibt sich aus p=„Sgt. Pepper“, t= „29.02.2000, 8:23:24“, r=(100, 20,40), i unspezifiziert, f unspezifiziert, zu =(„Sgt. Pepper“, „29.02.2000, 8:23:24“, (100, 20,40), NULL, NULL), wobei NULL bedeutet, dass der entsprechende Parameter bei dieser Aktivität nicht auftritt.

5.2.2 Atome und Datenbeschreibung

Mit dem Terminus *Atom* wird ein elementarer Probandenaktivitätstyp bezeichnet, so wie er als Einheit in der Virtuellen Welt erfasst, übermittelt und in einem Datenpool gespeichert wird. Zu einem Aktivitätstypen gehört die Aktivitätsbezeichnung *a* aus einer Aktivitätsbezeichnungsmenge *A* sowie eine Reihe von Dimensionsangaben, die die Aktivität näher bestimmen. Formal kann eine Aktivität als ein (geschachteltes) Tupel

$$(a, q_a)\, mit\ a \in A, q_a = (q_a^1, \ldots, q_a^m), m \in M = \{0, \ldots, |D|\}, q_a^i \in D = \{p, t, r, i, f\} \forall i \in \{1, \ldots, m\},$$
$$q_a^i \neq q_a^j\ \forall i, j \in M \text{ und } i \neq j$$

dargestellt werden. Die Elemente der Menge D sind die oben erläuterten Dimensionen. q_a entspricht den Dimensionen, mit denen die Aktivität *a* näher beschrieben wird; die Dimensionen treten jeweils geordnet auf.

Beispiel:

(Probandenposition, $q_{Probandenposition}$) = (Probandenposition, (*p, t, r*))

Die Probandenposition wird näher spezifiziert durch den Probanden, den Zeitpunkt und die Raumkoordinaten.

Die Aktivitätsbezeichnungsmenge A besteht aus den Elementen {Betreten der Welt, Verlassen der Welt, Probandenposition, Anfassen eines Produkts, Drehen eines Produkts, Ablegen eines Produkts (in einen Warenkorb), Zurückstellen eines Produkts}. Die jeweils verwendeten Dimensionen q_a sind in Tabelle 2 dargestellt.

ID	**Aktivitätstyp *a***	**Dimensionstupel q_a**	**Semantik**
1	Betreten der Welt	*(p,t)*	Der Proband *p* betritt zum Zeitpunkt *t* die Welt.
2	Verlassen der Welt	*(p,t)*	Der Proband *p* verlässt zum Zeitpunkt *t* die Welt.
3	Probandenposition	*(p,t,r)*	Der Proband *p* hält sich zum Zeitpunkt *t* am Ort *r* auf.
4	Anfassen eines Produkts	*(p,t,i)*	Der Proband *p* fasst zum Zeitpunkt *t* das Produkt *i* an seinem Ursprungs- bzw. Regalplatz an.
5	Drehen eines Produkts	*(p,t,i,f)*	Der Proband *p* dreht zum Zeitpunkt *t* das Produkt *i* mit der Drehart *f*.
6	Ablegen eines Produkts (in den Warenkorb)	*(p,t,i)*	Der Proband *p* legt zum Zeitpunkt *t* das Produkt *i* in den Warenkorb.
7	Zurückstellen eines Produkts	*(p,t,i)*	Der Proband *p* stellt zum Zeitpunkt *t* das Produkt *i* wieder zurück.

Tabelle 2: Aktivitäten und Dimensionen des BENEVIT-Standards

Die Beschreibung der Atome, so wie sie in einem Datenpool aufgezeichnet werden, lässt sich formal mit Hilfe folgender kontextfreier Grammatik $G = (V, \Sigma, P, Aktivität)$ durchführen, wobei die ID der entsprechenden Aktivitäten in der

Tabelle mit den Nummern der folgenden Produktionsregeln korrespondiert, d.h., dass das Betreten der Welt der Aktiv(itäts)art mit der Nummer 1 entspricht usw.

Menge der Nicht-Terminalsymbole: V={Aktivität, UserID, UnixZeit, AktivArt, IP, Uhrzeit, X, Y, Z, ProdID, Drehart}

Menge der Terminalsymbole: Σ = Menge der alphanumerischen Zeichen

Startsymbol: Aktivität

Produktionsregeln:	(0)	Aktivität	→	*UserID*UnixZeit*AktivArt
	(1)	AktivArt	→	*1*IP*Uhrzeit |
	(2) (3) (4)			*2*Uhrzeit | *3*X*Y*Z | *4*ProdID |
	(5) (6)			*5*ProdID*DrehArt | *6*ProdID |
	(7)			*7*ProdID |

Wegen der Pragmatik werden folgende Abb. nicht als Produktionsregeln, sondern verbal inkl. ihrer Semantik beschrieben:

UserId:	String, Name des Probanden
Unixzeit:	String, numerisch, # Sek. seit 01.01.1970, 0.00 Uhr GMT
IP:	String, numerisch, IP4-Bezeichnung des Probandenrechners
Uhrzeit:	String, Format SS:MM:SS ME(S)Z
X, Y, Z:	String, numerisch, Raumkoordinaten
ProdId:	String, Produktidentifizierer
Drehart:	String, Bezeichnung der Art der Drehung (kann implementierungsabhängig variieren).

Abbildung 19: Kontextfreie Grammatik zur Darstellung der Atome

Folgende Beispiele illustrieren die Anwendung der Grammatik; sie können auch als mögliche Einträge in einem LogFile für Supermarkt-Aktivitäten aufgefasst werden.

(1) *Snoopy*1018020050*1*134.130.176.33*15:51:51

Der Proband *Snoopy* hat die Welt um 15:51:51 Uhr (1018020050 Sekunden seit dem 01.01.1970, 0.00 Uhr) auf dem Computer mit der IP *134.130.176.33* betreten.

(2) *Calgonius*1018074594*2*04:12:18

Der Proband *Calgonius* hat die Welt um 04:12:18 Uhr (1018074594 Sekunden seit dem 01.01.1970, 0.00 Uhr) verlassen.

(3) *Sgt. Pepper*1018055434*3*169*8*-16

Der Proband *Sgt. Pepper* hat sich 1018055434 Sekunden nach dem 01.01.1970, 0.00 Uhr) an der Position (169, 8, -16) aufgehalten.

(4) *Buffy*1018055998*4*Cornflakes001

Der Proband *Buffy* hat nach 1018055434 Sekunden nach dem 01.01.1970, 0.00 Uhr) das Produkt *Cornflakes001* angefasst.

(5) *Buffy*1018056003*5*Cornflakes001*v_turn

Der Proband *Buffy* hat nach 1018056003 Sekunden nach dem 01.01.1970, 0.00 Uhr) das Produkt *Cornflakes001* von der Vorderseite auf die (vom Probanden aus betrachtet) linke Seite gedreht.

(6) *Buffy*1018056144*6*Cornflakes001

Der Proband *Buffy* hat nach 1018056144 Sekunden nach dem 01.01.1970, 0.00 Uhr) das Produkt Cornflakes001 in den Warenkorb gelegt.

(7) *Buffy*1018056173*7*Cornflakes001

Der Proband Buffy hat nach 1018056173 Sekunden nach dem 01.01.1970, 0.00 Uhr) das Produkt Cornflakes001 zurückgestellt.

5.2.3 Moleküle

Moleküle bezeichnen solche marktforscherischen Informationen, die sich aus Atomen zusammensetzen und in der Regel erst dann gebildet werden können, wenn ein Proband die Welt wieder verlassen hat. Beispielsweise gilt dies für den Laufweg eines Probanden oder den Kauf eines Produkts, da der Proband ein in den Warenkorb abgelegtes Produkt auch wieder zurückgestellt haben kann. Die Erzeugung von Molekülen geschieht im theoretischen Bezugsrahmen mittels einer Aggregation von Atomen, die im Rahmen einer praktischen Handhabung einer Analyse des Datenpools (Speicherort von Atomen) entspricht. Als Moleküle sind die folgenden vorgesehen:

- Laufweg. Der Laufweg kann probandenspezifisch aus den entsprechenden Probandenpositionen ermittelt werden. Die individuellen Laufwege können dann im Rahmen einer Gesamtlaufwegstudie verdichtet werden.
- Erkennen eines Produkts. Ein Produkt kann von einem Probanden auch dann wahrgenommen werden, wenn er keinen physischen Kontakt mit ihm hat. Gerät es für eine bestimmte Zeit in seinen Blickwinkel - hier erlangt die Dimension *Fixation* ihre Bedeutung -, kann von einem Erkennen des Produkts gesprochen werden.
- Begutachten eines Produkts. Die Begutachtung eines Produkts seitens eines Probanden subsumiert die gesamte Beschäftigung mit dem Produkt, also z.B. die Betrachtung der einzelnen Teile des Produkts mit der entsprechenden Dauer.
- Vergleichen von Produkten. Die vergleichende Betrachtung, welche Alternativprodukte ein Proband begutachtet hat, hilft bei der Erstellung eines produktartbezogenen Benchmarks. Die diesem Prozess inhärente Inklusion von Molekülen zeigt, dass hier von einem Molekül 2. Stufe gesprochen werden kann.
- Kauf eines Produkts. Ein Produkt gilt als gekauft, wenn es sich nach dem Austritt des Probanden aus der Welt im Warenkorb befindet. Das Produkt kann vorher mehrfach in den Korb gelegt und wieder herausgenommen worden sein.

Alle Moleküle können sowohl probandenspezifisch als auch probandenaggregierend verstanden werden.

Es erfolgt im Rahmen des BENEVIT-Standards keine formale Spezifikation der Moleküle, um dem großen Spielraum ihrer möglichen Ausprägungen gerecht zu werden:

es ist beispielsweise a priori nicht sinnvoll festzulegen, unter welchen Bedingungen ein Produkt als wahrgenommen gilt, da die dazu notwendige Kombination von Betrachtungswinkel und Zeit sehr verschiedene Ausprägungen annehmen kann.
Im Rahmen einer Implementierung des Standards gehen sowohl die Atome als auch die Moleküle neben Analysemethoden der Marktforschung in den Marktforschungsclient ein, der die Ergebnisse von Probandenläufen visualisiert.

5.3 Technologischer Rahmen

Der BENEVIT-Standard ist implementierungsunabhängig und abstrahiert von der konkreten technologischen Realisierung. Es wird weder festgelegt, mit welcher Darstellungssprache oder -technik die Virtuelle Welt erstellt werden soll, noch wird spezifiziert, wie die Probandenaktivitäten erfasst, an einen Server übertragen, dort verarbeitet und gespeichert werden. Auch die Analyse und Darstellung der erhobenen Marktforschungsdaten bleibt unfixiert.
Da sich kaum ein Konzept ohne seine (prototypische) Realisierung "zur vollen Blüte entwickeln" kann und zur Reifung auch Rückkopplungen von der Implementierung zur Konzeption sinnvoll sind, wurde im Rahmen des Projekts eine prototypische Gesamtumgebung erstellt, deren technologischer Rahmen schon in Abbildung 18 angedeutet wird und der sich in Abbildung 20 konkretisiert findet.

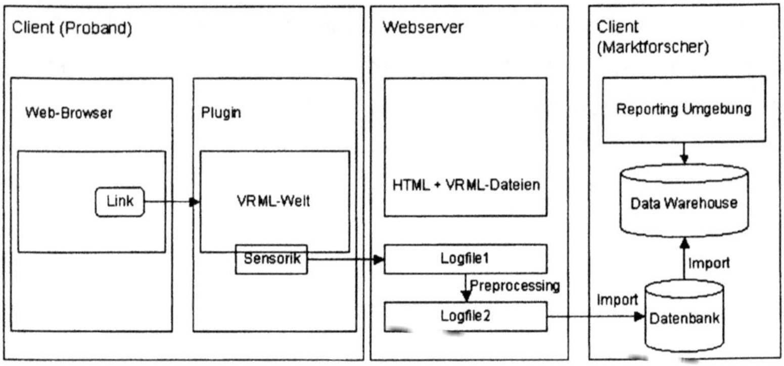

Abbildung 20: Client-Server-Architektur der prototypischen Marktforschungsumgebung

Zur Realisierung eines Virtuellen Supermarkts wurde die vom Web3D CONSORTIUM standardisierte 3D-Darstellungsprache VRML (Virtual Reality

Modeling Language) in der Version VRML97 genutzt [http://www.web3d.org/fs_specifications.htm].

Auf die Verwendung effizienterer proprietärer Ansätze wurde aufgrund der universellen Verwendbarkeit verzichtet. Ein detaillierter Vergleich möglicher Ansätze findet sich bei Schryen, G.; Hoven, R.[116]. Im Gegensatz zu HTML-Dateien, die von jedem Web-Browser interpretiert und dargestellt werden können, bedarf es bei der Verwendung von VRML-Welten eines auf dem Client zu installierenden Zusatzprogramms, eines sogenannten Plug-Ins. Prinzipiell besteht eine VRML-Welt aus einer Menge von Textdateien und entsprechender Medien (Texturen), die ein HTML-Dokument referenziert, die dann vom Server "nachgeladen" werden und schließlich dem Plug-In zur Ausführung und Darstellung übergeben werden. Der Anwender kann sich nun in der 3D-Welt bewegen. Im Gegensatz zur verwendeten Sprache VRML sind die Plug-Ins proprietär. Obwohl die Darstellung der Welten einheitlich sein sollte, zeigen sich in der Praxis deutliche Unterschiede bei der Verwendung verschiedener Plug-Ins[117].

Mit Hilfe der in VRML-Plug-Ins integrierten Sensorik werden die Konsumentenaktivitäten wie die Laufwege oder die eingekauften Produkte erfasst, an den Webserver übermittelt und in einem Logfile (Logfile 1) gespeichert. Da sich im Supermarkt zeitgleich mehrere Probanden aufhalten können, ist hier auf eine adäquate Performance des Webservers zu achten.

Die Einträge im Logfile 1 werden in festzulegenden Intervallen einem Preprocessing unterzogen und dann in einem zweiten Logfile (Logfile 2) abgelegt. Mit diesem Vorgehen werden zwei primäre Zielsetzungen verfolgt:

1. Die Daten werden auf Vollständigkeit und Konsistenz überprüft und derart aufbereitet, dass deren Import in eine Datenbank möglich ist.[118]

---

[110] Vgl. Schryen, G./ Hoven, R. (2002), Analyse und Bewertung internetbasierter und interaktiver Darstellungsmöglichkeiten für 3D-Welten, Arbeitsbericht des Instituts für Wirtschaftswissenschaften der RWTH Aachen, Nr. 02/12, Aachen 2002.

[117] Vgl. Determann, L./ Herstell, J./ Schryen, G.: Konzeption einer Schnittstelle zur Beobachtung und Analyse von Nutzeraktivitäten in Virtuellen Verkaufswelten, Arbeitsbericht des Instituts für Wirtschaftswissenschaften der RWTH Aachen, Nr. 01/03, Aachen 2001.

[118] Die Vollständigkeit der Daten pro Datensatz ist relevant hinsichtlich Nullwerte in der Datenbank.

2. Die gespeicherten Datensätze entsprechen marktforschungsrelevanten BENEVIT-Atomen, aus denen BENEVIT-Moleküle, d.h. komplexe Probandenaktivitäten gebildet werden.

Die aufbereiteten und aggregierten Daten werden in eine relationale Datenbank importiert (Oracle 9i), von wo aus sie in ein Data Warehouse gespeist werden. Im Gegensatz zur relationalen Datensicht der Oracle-Datenbank liegt dem Data Warehouse eine multidimensionale Sicht zugrunde, die sich für die Analyse und Präsentation der erhobenen Marktforschungsdaten als geeignet erwiesen hat (s. Abschnitt 6.3). Als Data Warehouse wurde das Produkt MicroStrategy 7.2.1 verwendet.

6 Realisierung

Die wesentlichen Aspekte bei der Realisierung des Marktforschungssystems finden sich in der

- Gestaltung des Virtuellen Supermarkts mit Hilfe der 3D-Darstellungssprache VRML (Virtual Reality Modeling Language) (Abschnitt 6.1),
- der sensorischen Erfassung von Probandenaktivitäten und deren Übertragung an den Webserver (Abschnitt 6.2) sowie
- der Speicherung, Analyse und Präsentation der Marktforschungsdaten mit Hilfe eines Data Warehouse und eines OLAP-Tools (Online Analytical Processing) (Abschnitt 6.3).

6.1 Generierung Virtueller Welten

Als Vorraussetzung zum Aufbau eines Virtuellen Supermarktes bedarf es fundierter intensiver Kenntnisse der dabei verwendeten 3D-Sprache. Hier soll exemplarisch gezeigt werden, wie man mit Hilfe der Darstellungssprache VRML (VRML97) einen derartigen Supermarkt realisieren und an einen Datenserver anbinden kann. Die Darstellung hat folglich nicht die Zielsetzung, die Sprachkonstrukte von VRML syntaktisch oder semantisch zu beschreiben, sondern vermittelt vielmehr eine strukturierte Vorgehensweise, um einen Virtuellen Supermarkt auf Basis der 3D-Sprache VRML zu entwickeln und diesen in eine internetbasierte Client-Server-Umgebung einzubinden.

Zunächst bedarf es eines Grundrisses des Supermarktes. Dieser sollte die später umzusetzende Infrastruktur einschließlich eingesetzter Regalsysteme, Anzahl und Beschaffenheit der Verkaufsprodukte etc. berücksichtigen.

Im Anschluss daran sind die zu implementierenden Gegenstände des Supermarktes (Produkte, Regalsysteme, Werbeflächen, Wände etc.) in einer baumähnlichen Struktur festzuhalten, die bei der späteren Implementierung sowohl zur Vermeidung möglicher Redundanzen als auch für einen objektbezogenen Ansatz verwendet werden kann. Folgende Abbildung soll dies verdeutlichen:

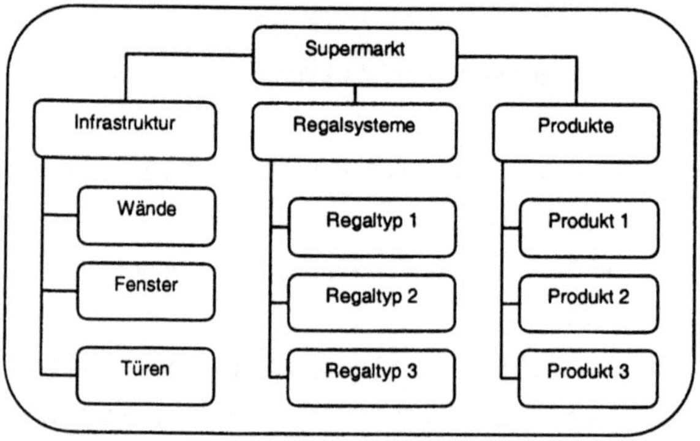

Abbildung 21: Struktur eines VRML Supermarktes

Bei VRML handelt es sich um eine objektbezogene Darstellungssprache, mit der die Objekte innerhalb einer VRML-Welt in einer Baumstruktur (sogenannter scene graph) angeordnet werden. Jedes darzustellende Objekt wird dabei als „Node" bezeichnet. Darunter kann sowohl ein Produkt als auch die für ein Produkt verwendete Textur verstanden werden. Da ein Virtueller Supermarkt aus einer Vielzahl von Nodes besteht, ist es sinnvoll, einzelne Elemente (Bsp. Produkt) oder auch Eigenschaften eines Nodes (Bsp. Textur eines Produktes) mit einem eindeutigen Namen bzw. einem Identifier zu versehen.

Dadurch lassen sich dann später bereits definierte Nodes in anderen Bereichen des Supermarktes wiederverwenden. Folgender Code-Abschnitt soll hier als Beispiel dienen:

```
Transform {
        translation 57 15 22
        children [
                DEF Produkt001 Shape {
                                appearance Appearance {
                                        texture ImageTexture { url "textures/kuchen.jpg"
        }
                                }
                                geometry Box {size 2 4 4}
                }
        ]
}
```

Um ein komplettes Produkt in VRML umzusetzen, ist die Anatomie des Produktes festzulegen. In VRML existieren drei verschiedene geometrische Grundformen (Kugel, Rechteck und Zylinder), aus denen die Gegenstände entwickelt werden können. Will man z.B. eine Müsli-Packung nachbilden, so reicht eine einfache Rechteck-Form aus. Allerdings ist dabei zu beachten, dass alle sichtbaren Grundflächen durch unterschiedliche Texturen zu belegen sind. Würde man beispielsweise ein Rechteck mit einer einheitlichen Textur belegen, so würden alle Grundflächen gleich aussehen. Da jedes Produkt jedoch unterschiedliche Seitentexturen aufweist, ist in diesem Fall ein aus fünf Rechtecken zusammengesetztes Produkt erforderlich (die Unterseite des Produktes ist eventuell zu vernachlässigen). Dazu modelliert man die einzelnen Grundflächen des Produktes mit einer jeweils unterschiedlichen Textur und fasst sie als ein „ganzes" Produkt zusammen. In VRML steht dazu der Befehl „children" zur Verfügung.

Wie in dem obigen Beispiel folgt hinter der Produktbeschreibung ein weiterer Node, der dann z.B. den Namen „Produkt002" erhalten könnte:

```
Transform {
        translation 57 15 22
        children [
                DEF Produkt001 Shape {....
                }
                DEF Produkt002 Shape {....
                }
        ]
}
```

Um die einzelnen Produkte dann punktgenau im Supermarkt zu platzieren, bedient man sich relativer Koordinaten zum Ursprung der VRML-Welt. Standardmäßig ist der Ursprung einer VRML-Welt der Punkt (X=0 , Y=0 , Z=0). Zu jeder geometrischen Figur lassen sich Koordinaten angeben, die die Figur dann an der Stelle positioniert (VRML Befehl „Transform X Y Z").

In dem Fall, dass eine vorgegebene Grundform nicht ausreicht, lassen sich in VRML auch freie Formen bilden. Dies ist über Punktwolken möglich, die dann miteinander zu einer Form verbunden werden, die die gewünschte Produktform darstellt.
Um einen möglichst übersichtlichen und gut   Code zu erhalten, bedient man sich des VRML Befehls „inline“. Wie in herkömmlichen Programmiersprachen lassen sich mit diesem Befehl in einer VRML-Datei beliebig viele „Nodes“ einbinden. Dazu wird eine Datei geschaffen mit folgendem beispielhaften Aufbau:

```
#VRML V2.0 utf8
# Supermarkt Version 1.0

Inline { url "waende.wrl" }
Inline { url "boden.wrl" }
Inline { url "infrastruktur.wrl" }
Inline { url "regal.wrl" }
```

Screenshots erstellter Supermärkte sind in Abbildung 22 zu sehen.

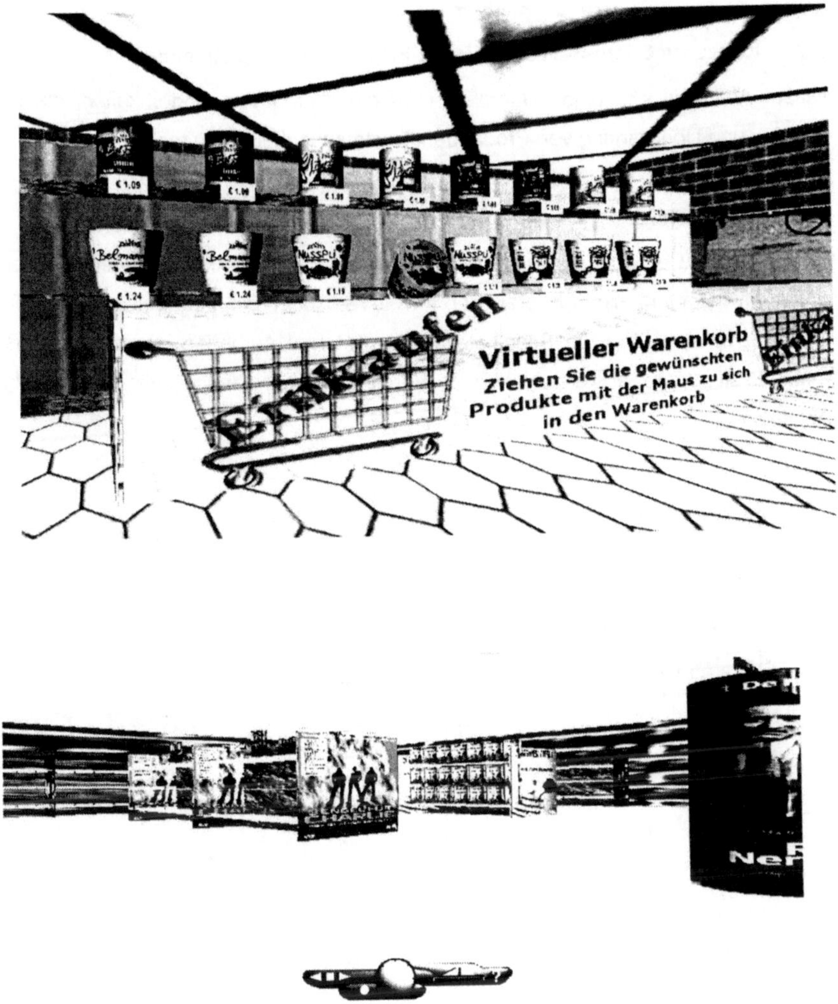

Abbildung 22: Screenshots der Virtuellen Supermärkte

6.2 Schnittstelle VRML – BENEVIT

6.2.1 Konzepte Client-Server basierter Erfassungsmöglichkeiten

Dieser Abschnitt gibt einen Überblick über die alternativen Möglichkeiten, die Erfassung und Übertragung von Probandenaktivitäten technisch zu realisieren.

6.2.1.1 Clientseite

Clientseitig gibt es zwei Möglichkeiten zur Verarbeitung der Aktivitätsdaten: die Verarbeitung in einem Skript-Knoten der VRML-Welt oder die Verarbeitung in einem Java-Applet, das über die Schnittstelle EAI (External Authoring Interface) mit der VRML-Welt Daten austauscht. Einen Vergleich der beiden Möglichkeiten zeigt Abbildung 23.

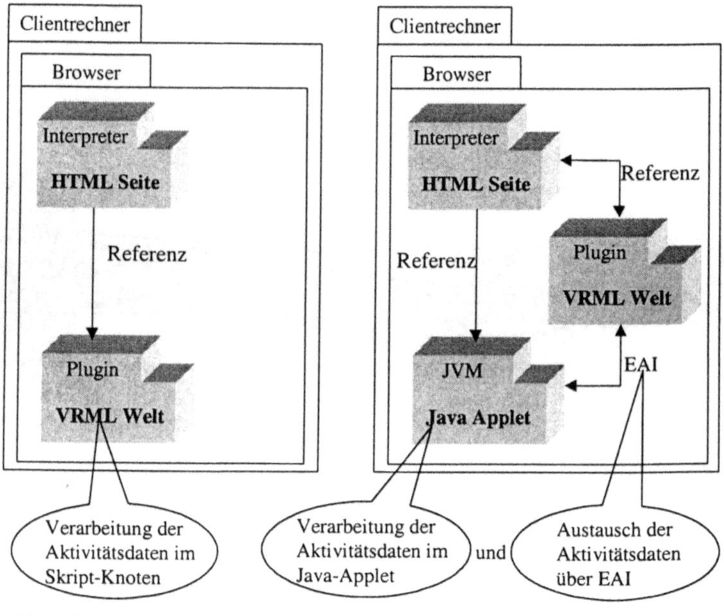

Abbildung 23: Clientseitige Möglichkeiten zur Verarbeitung der Aktivitätsdaten

- **Skript-Knoten in VRML**

Der Skript-Knoten in VRML ist eine Programmierschnittstelle, mit dem Programm-Module in anderen Programmiersprachen in eine VRML-Datei eingebunden werden können. Dazu zählen die beiden Skriptsprachen JavaScript und VRML-Script. In dieser Arbeit wird dazu ausschließlich JavaScript verwendet, da diese Sprache einen größeren Funktionsumfang besitzt als VRML-Script. Der Datenaustausch mit den anderen Knoten der VRML-Welt geschieht dabei über Ereignisse, die mittels der *ROUTE*-Anweisung zwischen den Knoten verschickt werden.

Eine detaillierte Beschreibung verwendeter Sensoren sowie des Java Script-Codes findet sich bei Schryen, G.; Hoven, R.[119].

Die Erfassung der interessanten Aktivitäten kann dann wie folgt vorgenommen werden:

Die Aktivitäten „Betreten" und „Verlassen" des Supermarktes können direkt im Script-Knoten verarbeitet werden. Dies ist möglich über die beiden Funktionen *initialize()* und *shutdown()*, die beim Starten bzw. Beenden der VRML-Welt vom Plugin automatisch ausgeführt werden. Die entsprechenden Funktionalitäten zum Speichern oder Weitergeben der Aktivitätsdaten können also gleich in diesen beiden Funktionen implementiert werden. Die Avatarposition im Supermarkt steht als *EventOut*-Ereignis des Positionssensors zur Verfügung. Dieses *EventOut* kann mittels der *ROUTE*-Anweisung an einen Skript-Knoten weitergeben werden, in dem ein entsprechendes *EventIn*-Ereignis definiert wurde. Über eine Funktion mit gleichem Namen wie das *EventIn*-Ereignis können die Positionsdaten verarbeitet werden. Ähnlich verhält es sich mit dem Anfassen eines Produktes durch den Avatar. Dieses steht als *EventOut*-Ereignis des zu dem jeweiligen Produkt gehörenden Touch-Sensors zur Verfügung. Das *EventOut*-Ereignis kann wiederum an einen Skript-Knoten weitergeleitet und dort verarbeitet werden.

Über den Skript-Knoten in VRML ist es also möglich, die relevanten Benutzeraktivitäten zu erfassen und dann auf dem Client-Rechner weiterzuverarbeiten mit allen Möglichkeiten, die die Skriptsprache JavaScript dazu bietet.

Der Vorteil dieser Lösung besteht darin, dass alle Funktionalitäten vollständig in VRML integriert sind. Ein Benutzer muss folglich an seinem Rechner keine Einstellungen vornehmen und benötigt neben einem Web-Browser und einem VRML-Plug-In keine zusätzlichen Softwarekomponenten.

[119] Schryen, G.; Hoven, R. (2003), Implementierung eines VRML-basierten Supermarktes im Kontext der Online-Marktforschung, Arbeitsbericht des Instituts für Wirtschaftswissenschaften der RWTH-Aachen, Nr. 03/02, Aachen 2003.

- **Java-Applet mit EAI**

Ein Java-Applet kann in eine HTML-Seite integriert, zusammen mit ihr vom Server geladen und dann auf dem Client-Rechner ausgeführt werden. Über das External Authoring Interface (EAI) kann das Applet mit einer VRML-Welt Daten austauschen. Dazu muss die VRML-Welt im gleichen HTML-Dokument integriert sein wie das Applet selbst.

Neben anderen Möglichkeiten des Datenaustausches ist es insbesondere möglich, alle in der VRML-Welt erzeugten *EventOut*-Ereignisse auszulesen und dann im Applet weiterzuverarbeiten. So ist es also bspw. möglich, über die vom Positionssensor und den Berührungssensoren erzeugten *EventOut*-Ereignisse die Benutzeraktivitäten „Avatarposition" und das „Berühren von Produkten durch den Avatar" im Applet auszulesen. Da sowohl Applet als auch der VRML-Supermarkt im gleichen HTML-Dokument integriert sind, fällt das Starten des Applets und das Stoppen seiner Ausführung zeitlich mit den Aktivitäten „Betreten" und „Verlassen des Supermarktes" zusammen. Die Verarbeitung dieser Aktivitäten kann deshalb in den Methoden *start()* und *destroy()* des Applets, die beim Starten des Applets und bei Beendigung seiner Ausführung automatisch ausgeführt werden, erfolgen. Aus diesem Grund ist es auch mit einem Java-Applet über das EAI möglich, alle interessanten Benutzeraktivitäten zu erfassen. Für die Weiterverarbeitung stehen die Möglichkeiten der Programmiersprache Java zur Verfügung, die im Gegensatz zu einer Skriptsprache wie JavaScript wesentlich umfangreicher sind. Dem entgegen steht allerdings, dass die Ausführung von Java-Applets einem Sicherheitsmechanismus unterliegt, der dazu dient, den Client-Rechner zu schützen. So hat ein Java-Applet keinerlei Zugriffsrechte auf das Dateisystem des Rechners und darf keine Netzwerkverbindungen mit einem anderen Host aufbauen oder akzeptieren als mit dem Host, von dem das Applet geladen wurde.

Es ist möglich, einem Applet diese Rechte einzuräumen und z.B. eine Benutzung des lokalen Dateisystems zu erlauben. Dazu muss jedoch auf dem Client-Rechner eine Policy-Datei erstellt werden, in der diese Rechte für jedes Applet definiert werden. Erfahrungsgemäß akzeptieren dieses aber nur die wenigsten Computernutzer, da sie befürchten, Opfer von Hacker- oder Virenangriffen zu werden, wenn sie fremdem Programmcode mehr Rechte einräumen. Ein Applet, dass das lokale Dateisystem benutzt, ist also mangels Akzeptanz derzeit kaum durchsetzbar, d.h. eine

Lösung mit einer Zwischenspeicherung der Benutzeraktivitäten auf dem Client-Rechner wird für die weitere Entwicklung ausgeschlossen.

Ein Vorteil der Lösung mit einem Java-Applet ist, dass die Verarbeitung der Aktivitätsdaten nicht mehr in VRML erfolgt. Das könnte Performance Vorteile für die Geschwindigkeit in der VRML-Welt bedeuten, da neben Berechnungen zur 3D-Darstellung nur noch wenig zusätzliches Programmskript in den Skript-Knoten abgearbeitet werden muss. Demgegenüber ist zu erwähnen, dass auch Ausführungen des Applets Rechenzeit bindet.

Nachteil dieser Lösung ist, dass auf dem Client-Rechner zusätzlich eine Java-Virtual-Maschine (JVM) zur Ausführung des Applets installiert sein muss. JVM ist aber bereits auf vielen Rechnern vorhanden, da Applets im Internet sehr verbreitet sind. Ein generelles Akzeptanzproblem durch die Benutzer wegen dieser zusätzlich zu installierenden Software ist also nicht zu befürchten.

6.2.1.2 Übertragung der Daten

Die internetbasierte Übertragung von Daten zwischen einem Client und einem Server impliziert den Gedanken des Aufbaus einer verbindungsorientierten (d.h. dauerhaften) Netzwerkverbindung zwischen diesen Rechnern. Dabei wird eine Verbindung geöffnet, dann werden beliebig viele Daten darüber verschickt und die Verbindung wird wieder geschlossen. Aus einem Java-Applet ist dies auch möglich, allerdings mit der Einschränkung durch einen Sicherheitsmechanismus, d.h., eine Netzwerkverbindung darf nur mit dem Host aufgebaut werden, von dem das Applet geladen wurde. Mit der Skript-Sprache JavaScript ist jedoch der Aufbau einer verbindungsorientierten Netzwerkverbindung nicht realisierbar. Da ein wichtiger Anwendungsbereich der Sprache JavaScript u.a. die Dynamisierung von WWW-Seiten ist, ist der Zugriff auf Ressourcen im WWW jedoch einfach möglich. Da bei diesem Zugriff auch Parameter an den Server übergeben werden können, bietet sich somit eine Möglichkeit, die Aktivitätsdaten auch aus einem JavaScript-Programm an den Server zu übermitteln

Im Folgenden werden vier Übertragungsmöglichkeiten vorgestellt und jeweils dargelegt, auf welche der o.g. Erfassungsmöglichkeiten (Skript-Knoten-Applet) sich diese beziehen.

- **Übertragung mittels HTTP-Request**

Bei der Anforderung einer HTML-Seite von einem WWW-Server mittels eines HTTP-Requests ist es möglich, Parameter an den Server zu übergeben. Diese Parameter dienen im Allgemeinen dazu, die angeforderte HTML-Seite auf dem Server dynamisch zu generieren oder um Formulardaten aus einer HTML-Seite zu übermitteln. Werden gleichzeitig Cookies eingesetzt, so werden zusätzlich mit jedem HTTP-Request auch die Cookies, die zum aktuell im Browser angezeigten Dokument gehören, an den Server übertragen. Dies wird z.B. verwendet, um Informationen über den Benutzer zu übergeben. Nach dem HTTP-Request wartet der Browser auf die angeforderte HTML-Seite und ersetzt die aktuelle Seite durch diese neue Seite.

Diese Möglichkeit des HTTP-Requests soll hier genutzt werden, um die Aktivitätsdaten an den Server weiterzugeben. Gleichzeitig kann auf dem Client ein Cookie gesetzt werden, das den Benutzernamen enthält. Damit kann jeder über einen HTTP-Request gesendeter Datensatz eindeutig einem Benutzer zugeordnet werden. Die Antwortseite auf das HTTP-Request kann abgefangen werden, indem die Seite, die den Virtuellen Supermarkt enthält, in zwei Frames aufgeteilt wird. Die Antwortseite wird dann in einem (fast unsichtbaren) Frame am Bildrand angezeigt.

Es ist also möglich, die Aktivitätsdaten auf diese Weise zu übertragen. Das Absenden des HTTP-Requests kann dabei sowohl aus dem JavaScript-Programm im VRML-Skript-Knoten als auch aus einem Java-Applet heraus erfolgen.

- **Übertragung über eine Socket-Verbindung**

Ein Socket ist ein Endpunkt einer Kommunikationsverbindung zweier Rechner. Er wird durch die IP-Adresse und die Portnummer identifiziert. Durch die Sockets wird ein Kommunikationskanal zwischen den beiden Ports bereitgestellt.

Um Daten über diese Sockets auszutauschen, werden in Java sogenannte Streams (eine Abstraktion für beliebige Datenströme) verwendet. Es wird unterschieden nach Streams für die Eingabe und für die Ausgabe. In den abstrakten Superklassen *InputStream* und *OutputStream* ist die Basisfunktionalität für den Datenaustausch zusammengestellt. Diese Basisfunktionalität beruht ausschließlich auf dem Lesen und Schreiben von Bytes. Die Methode *read()* liest ein Byte aus dem Eingabestrom, die Methode *write()* schreibt ein Byte in den Ausgabestrom (byteorientierte Ein- und Ausgabe). Von diesen beiden Klassen werden einige weitere Streams abgeleitet, die dann einen konkreten Datenstrom beschreiben. Angefangen beim *ByteArrayInput(Output)Stream,* der Byte-Arrays einliest oder ausgibt, bis hin zum *ObjectInput(Output)Stream*, mit dem komplette Objekte ein- oder ausgegeben werden können. Für den Benutzer dieser Klassen bleibt verdeckt, dass alle Ein- und Ausgaben serialisiert und über die beiden Superklassen dann byteorientiert gelesen oder geschrieben werden[120].

Die beiden abstrakten Klassen *Reader* und *Writer* sind die zu *InputStream* und *OutputStream* analogen Superklassen für die zeichenorientierte Ein- und Ausgabe. Es werden jedoch alle Ein- und Ausgaben in Bytes konvertiert und an den zugrunde liegenden *InputStream* oder *OutputStream* delegiert, was für den Klassenbenutzer intransparent ist[121].

Die Datenkommunikation über eine Socket-Verbindung findet also immer byteorientiert statt, auch wenn Klassen zur Verfügung stehen, die die Behandlung komplexer Datenstrukturen ermöglichen. Diese vereinfachen die Handhabung für den Programmierer, greifen aber verdeckt auf die byteorientierte Übertragung zurück.

Zur Übertragung der Benutzeraktivitäten im Virtuellen Supermarkt mit Hilfe eines Java-Applets soll nun eine Socket-Verbindung genutzt werden. Da hier eine Übertragung der Daten zum Host, von dem das Applet geladen wurde, erwünscht ist, greifen hier keine Beschränkungen aus dem Sicherheitsmechanismus des Applets.

Denkbar sind verschiedene Vorgehensweisen bei der Aufbereitung der Aktivitätsdaten für die Übertragung. Eine mögliche Vorgehensweise ist, die Aktivitätsdaten innerhalb des Applets in Feldern, Listen oder Objekten zu sammeln. Da, wie oben erläutert, die Übertragung über die Socket-Verbindung byteorientiert erfolgt, ist dieses aber aus Gründen der Performance auf dem Client-Rechner nicht sinnvoll. Es werden zuerst komplexe Datenstrukturen erzeugt, die anschließend für eine byteweise Übertragung wieder serialisiert werden müssen. Das getrennte Übertragen jedes Teils eines Datensatzes (Benutzername, Zeitstempel usw., siehe Kapitel 4.2) erhöht jedoch den Aufwand, den Datensatz auf dem Server wieder (richtig) zusammenzusetzen. Ein Mittelweg, der beides gleichermaßen berücksichtigt, ist die Übertragung jeweils eines kompletten Datensatzes. Wird dieser als String generiert, steht in Form der Methoden *writeUTF()* bzw. *readUTF()* der Klassen *DataOutputStream*

[120] Vgl. Schrader, Martin/ Schmitt-Thieme, Lars, Java, eine Einführung, Berlin 1999, S.297.
[121] Vgl. ebd. S. 299.

bzw. *DataInputStream* eine komfortable Möglichkeit für die Übertragung der Datensätze bereit.
Dieser Mechanismus ist zusammen mit einem Skript-Knoten ebenso wenig nutzbar wie die im Folgenden beschriebenen RMI und SMI.

- **Übertragung mit Hilfe von RMI**

RMI (Remote Method Invocation) ist ein Java-Mechanismus, um Methoden von entfernten Objekten (Objekte, die auf einer anderen Java Virtual Machine laufen) aufrufen zu können. Dabei bietet RMI eine weitgehende Transparenz, so dass nach einer anfänglichen Initialisierung ein Aufruf genauso verwendet wird wie im lokalen Fall. Beim Aufruf einer entfernten Methode können die gleichen Parameter übergeben werden wie im lokalen Fall, oder es erfolgt eine Übergabe einer Referenz auf ein lokales Objekt auf dem Client-Rechner.
Hier liegt jetzt der Gedanke nahe, die Benutzeraktivitäten im Virtuellen Supermarkt auf diesem Wege zu übertragen, also die Benutzeraktivitäten als Parameter zu übergeben oder eine Referenz darauf zu übergeben. In beiden Fällen müssen jedoch die Benutzeraktivitäten über das Netz übertragen werden. Im ersten Fall durch direkte Übergabe, im zweiten Fall durch ein Auslesen vom referenzierten Ort.
Bei genauerer Betrachtung der Architektur von RMI fällt auf, dass das RMI in mehreren Schichten aufgebaut ist, wobei die obere Schicht die darunter liegenden Schichten für den Nutzer verdeckt. Diese verdeckten Schichten sind das Serialisieren und Deserialisieren von Parametern und Ergebniswerten und schließlich die Socketkommunikation[122] [123].
Es ist also aus Gründen der Performance auf dem Client-Rechner und Server nicht sinnvoll, mit RMI zu arbeiten, da im Grunde eine Socket-Verbindung aufgebaut wird. Dies ist aber auch direkt möglich, so dass sich die Performance durch die Benutzung von RMI nur verschlechtern kann.
Im Vergleich zur Socket-Verbindung kann sich somit auch keine Verbesserung der Zuverlässigkeit der Datenübertragung einstellen, da die Übertragung bei RMI gleich ist.

---

[122] Vgl. Boger, Marko, Java in verteilten Systemen, Heidelberg 1999, S. 74.
[123] Vgl. Schrader, Martin/Schmitt-Thieme, Lars, a.a.O., S. 296.

Bei den hier verwendeten String-Objekten für die Datensätze ist der Implementierungsaufwand für eine Lösung mit RMI und Socket-Verbindung nahezu gleich, da eine Handhabung dieser Objekte in beiden Lösungen komfortabel möglich ist.
Die Lösung der Datenübertragung mit Hilfe von RMI wird also von der Lösung der Übertragung über eine Socket-Verbindung dominiert. Daher macht es wenig Sinn, die Lösung mit RMI zu implementieren und zu testen.

- **Übertragung mit Hilfe von SMI**

SMI (Servlet Method Invocation) ist ein Java-Mechanismus, der es ermöglicht, mehrere Funktionalitäten in einem Java-Servlet unterzubringen und diese dann getrennt ansprechen zu können. Dieses geschieht, indem die für eine Servlet-Anfrage notwendigen drei Parameter-Objekte (*ServletRequest*, *ServletResponse*, *ServletContext*) nicht mehr einzeln an das Servlet übergeben werden, sondern in einem *SMIEvent-Objekt* gekapselt werden. Damit besteht die vollständige Anfrage aus nur einem Objekt und kann so innerhalb des Servlets an die richtige Komponente weitergegeben werden[124].
Auch bei der Verwendung von SMI werden also Parameter übergeben, die dazu benutzt werden können, die Benutzeraktivitäten aus dem Virtuellen Supermarkt zu übertragen.
Analog zu RMI wird hier durch die verdeckten Schichten wieder eine Socket-Verbindung aufgebaut[125]. Deshalb gelten bei SMI hinsichtlich der Performance und der Zuverlässigkeit der Datenübertragung die gleichen Einschränkungen wie bei RMI. Auch bezüglich des Implementierungsaufwandes unterscheiden sich die Lösungen mit SMI oder Socket-Verbindung nur wenig voneinander. Die Lösung mit Hilfe von SMI wird also aus dem gleichen Grund wie bei RMI von der Lösung mit Hilfe der Socket-Verbindung dominiert und ist deshalb nicht für die effiziente Übertragung der Benutzeraktivitäten aus dem Virtuellen Supermarkt heraus geeignet.

---

[124] Vgl. Roßbach, Peter/ Schreiber, Hendrik, Java Server und Servlets, Bonn 1999, S. 150.
[125] Vgl. ebd., S. 31.

6.2.1.3 Serverseite

Die Behandlung eingehender Daten erfolgt abhängig von der verwendeten Sendemethode. Bei HTTP-Requests stehen Programme, die die Schnittstelle CGI verwenden und Perl-Programme zur Verfügung. Bei der Verwendung von Sockets ist ein dezidiertes serverseitiges Java-Programm zu verwenden.

- **Behandlung eines HTTP-Requests**

CGI (Common Gateway Interface) stellt eine Schnittstelle zwischen einem WWW-Server und CGI-Programmen dar, die auf demselben Rechner ablaufen. Mittels eines HTTP-Requests, der eine Seite beim WWW-Server anfordert, kann die Ausführung eines CGI-Programms aufgerufen werden. Dieses CGI-Programm wird auf dem Server-Rechner ausgeführt, und seine Ausgaben werden über den WWW-Server an den anfordernden Browser übermittelt. Es ist möglich, dass ein CGI-Programm Eingaben (Parameter) vom anfordernden Browser mit dem HTTP-Request erhält. Da es darüber hinaus mit einem CGI-Programm möglich ist, in Dateien und Datenbanken zu schreiben, können die übergebenen Parameter auf dem Server gespeichert werden. Zusätzlich zu den beschriebenen Parametern wird mit jedem HTTP-Request auch das Cookie übergeben, das dann im CGI-Programm bekannt ist und ebenfalls gespeichert werden kann.
Die maximale Anzahl der Zeichen, die in einem HTTP-Request mit der Get-Methode übergeben werden können, beträgt 256. Dieses reicht für die hier betrachteten Datensätze (vgl. Abschnitt 6.2.2) aus, zumal der Benutzername nicht mit dem Datensatz, sondern als Cookie übergeben wird.
Programme als PHP-Skript werden wie CGI-Programme auf dem Server ausgeführt. Der Unterschied besteht darin, dass ein CGI-Programm die Antwortseite komplett generiert, das Programm gibt also HTML-Code aus. Bei PHP können die Programmteile in HTML-Code eingebettet werden. Wird die betreffende Seite angefordert, werden durch Ausführung des PHP-Skriptes nur Teile des HTML-Codes erzeugt, der Rest der Seite wird statisch zurückgegeben.
Auch an ein PHP-Skript können mittels eines HTTP-Requests Parameter übergeben werden. Mittels eines PHP-Skriptes ist die Behandlung dieser Parameter (einschließlich der Cookies) wesentlich einfacher möglich als in einem CGI-Programm, z.B. in

Form eines Perl-Skripts. Das gleiche gilt für den Zugriff auf das Dateisystem zur Speicherung der Daten.
Inwiefern sich dieses auch auf die Performance auf dem Server auswirkt, wurde durch einen Vergleich der Performance mit der eines CGI-Programms geklärt (s. Abschnitt 6.2.2).
Die Einbindung eines Java-Servlets auf dem Server ist mit der eines CGI-Programmes vergleichbar. In den WWW-Server muss eine Java-Servlet-Engine integriert werden. Diese enthält neben der Schnittstelle zum WWW-Server eine Java-Virtual-Machine zur Ausführung der Servlets. Analog zum CGI-Programm kann nun mittels eines HTTP-Requests, der eine Seite beim WWW-Server anfordert, die Ausführung des Java-Servlets veranlasst werden. Die Ausgaben des Servlets werden ebenfalls über den WWW-Server an den anfordernden Browser übermittelt. Mittels eines Java-Servlets ist die Behandlung von übergebenen Parametern und Cookies möglich, ebenso ein Zugriff auf das lokale Dateisystem zur Speicherung der Daten[126].
Im Vergleich zum CGI-Programm sind bei der Verwendung eines Java-Servlets keine veränderten oder sogar verbesserten Funktionalitäten vorhanden. Auf dem Server muss zusätzlich eine Servlet-Engine installiert und konfiguriert werden. Das CGI ist allerdings in nahezu allen WWW-Servern bereits integriert, und es existieren hierzu umfangreiche Erfahrungen. Diese Lösung wird demnach von der Lösung mit dem Einsatz eines CGI-Programmes dominiert, und auf ihre Implementierung und ihren Test wird daher verzichtet.

- **Aufbau einer Socket-Verbindung**

Zum Aufbau einer Socket-Verbindung mit einem Java-Applet muss auf dem Server bereits ein Socket eingerichtet sein, der auf die Verbindungsanforderung reagieren kann. Dies geschieht in einem Java-Programm, das automatisch mit dem Server-Rechner gestartet wird. Wird eine Verbindung von einem Client aufgebaut, akzeptiert der Server diese, und es kann ein Datenaustausch mittels der im Kapitel 6.2.1.2 beschriebenen Streams erfolgen. Der Server liest solange alle Datensätze aus dem Stream ein und speichert diese, bis die Verbindung durch den Client geschlossen wird.

[126] Vgl. ebd., S. 31.

6.2.1.4 Implementierte Konzepte

Tabelle 3 gibt einen Überblick über die Konzepte, die implementiert wurden und deren Realisierungen im Folgenden beschrieben werden.

Client	Übertragung	Server
VRML Skript Knoten	HTTP-Request	CGI-Programm
VRML Skript Knoten	HTTP-Request	PHP-Skript
Java-Applet	HTTP-Request	CGI-Programm
Java-Applet	HTTP-Request	PHP-Skript
Java-Applet	Socket-Verbindung	Java-Server

Tabelle 3: Implementierte Konzepte

6.2.2 Implementierung

6.2.2.1 Randbedingungen und Voraussetzungen

Ein in VRML implementierter Virtueller Supermarkt liegt als Grundlage für die weitere Implementierung bereits vor. Die Benutzeraktivitäten werden mittels eines HTTP-Requests oder einer Socket-Verbindung übertragen. Auf der Serverseite können die HTTP-Requests mittels eines CGI-Programms oder eines PHP-Skriptes verarbeitet und die Datensätze gespeichert werden. Der VRML-Supermarkt ist eingebettet in eine HTML-Seite, die Struktur der Seiten zu deren Aufruf ist in Abbildung 24 dargestellt.

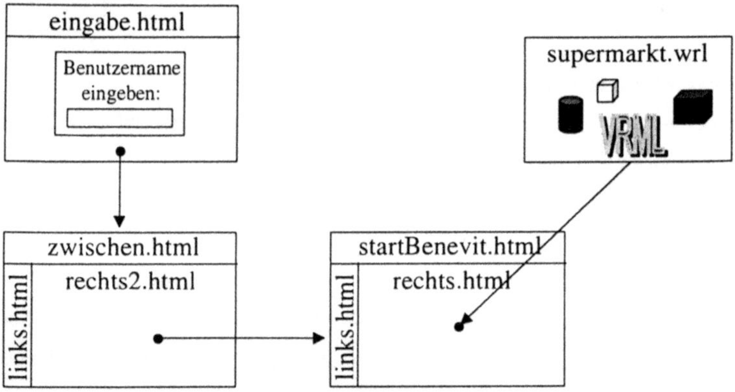

Abbildung 24: Einbettung des Virtuellen Supermarktes

Der Virtuelle Supermarkt ist in VRML modular aufgebaut, was durch die Benutzung des Inline-Knotens realisiert wurde. Mit Hilfe des Inline-Knotens können andere VRML-Welten in eine bestehende Welt geladen werden. Damit ist es also möglich, eine Welt modular aus mehreren anderen Welten zusammenzusetzen. Die Grundwelt „supermarkt.wrl“ enthält hier nur den Boden und die Decke des Raumes sowie die Anweisungen zur Beleuchtung, Blickpunkte usw. Die Wände, Regale, Säulen, Kassen und Produkte sind jeweils in einzelnen wrl-Dateien enthalten und werden über den Inline-Knoten in diese Grundwelt geladen. Die Berührungssensoren für die Produkte werden in den Teilwelten für das jeweilige Produkt definiert. Hier befindet sich je ein Skript-Knoten, der den entsprechenden HTTP-Request sendet, wenn das Produkt berührt wurde. Der Positionssensor zur Bestimmung der Avatarposition ist in der ersten Produkt-Teilwelt „produkt0001.wrl“ definiert. Hier befindet sich ebenfalls ein Skript-Knoten zum Senden der HTTP-Requests für die Übermittlung der Positionsdaten. Dieser Skript-Knoten enthält die Funktion *shutdown()*, die das HTTP-Request für das Schließen der Virtuellen Welt sendet. Der Aufbau des Virtuellen Supermarktes ist in Abbildung 25 ersichtlich.[127]

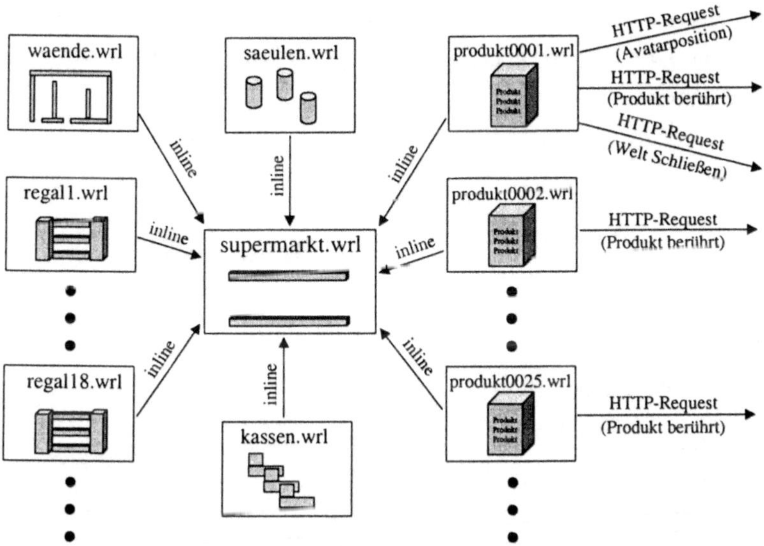

Abbildung 25: Aufbau des Virtuellen Supermarktes

[127] Der Aufbau des virtuellen Supermarktes und der Umfang der relevanten Aktivitäten bezieht sich auf den BENEVIT-Standard, wie er im Januar 2002 vorlag.

6.2.2.2 Modifikation des Virtuellen Supermarktes

Aufgrund der Vergleichbarkeit bei den späteren Tests soll der Aufbau der VRML-Welt und deren Einbettung in allen Lösungen gleich sein. Als erster Schritt der Implementierung wurden deshalb einige Modifikationen am vorhandenen Virtuellen Supermarkt vorgenommen. Die Struktur der HTML-Seitenfolge zum Aufruf des Supermarktes wurde vereinfacht. In der vorhandenen Struktur (siehe Abbildung 24) wurde der Datensatz zum Betreten des Supermarktes mit einem HTTP-Request beim Laden der Seite „rechts2“ gesendet. Dies geschieht aus dem Grund, dass selbst ein gescheiterter Versuch, den Supermarkt zu betreten, noch protokolliert wird (z.B. auf dem Client-Rechner fehlt das Plug-In). Dieser Zwischenschritt wird herausgenommen und das Senden des HTTP-Requests für den Datensatz in einem Skript-Knoten des Supermarktes mit der Funktion *initialize()* durchgeführt. Einerseits ist davon auszugehen, dass alle Probanden einer Marktforschungsstudie die entsprechenden Systemvoraussetzungen (Plug-In, usw.) erfüllen und Fehlversuche selten vorkommen. Andererseits wäre das bisherige Vorgehen bei Einsatz eines Java-Applets mit Socket-Verbindung nicht mehr möglich, weshalb zwei unterschiedliche Vorgehensweisen nötig wären. Dies soll jedoch wegen der Vergleichbarkeit bei späteren Tests ausgeschlossen werden. Abbildung 26 zeigt die neue Einbettung des Virtuellen Supermarktes.

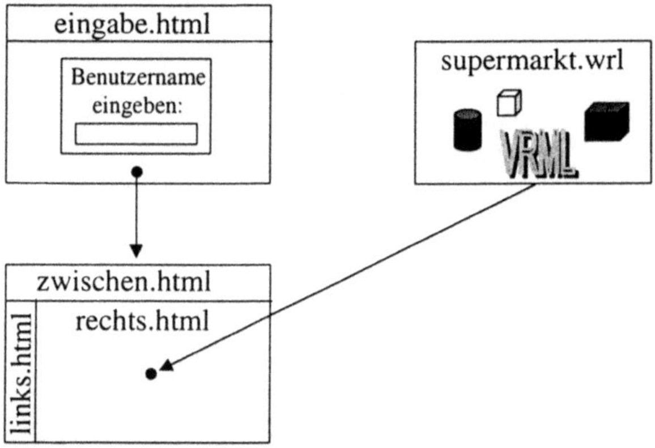

Abbildung 26: Einbettung des Virtuellen Supermarktes (neu)

Ferner wird der Aufbau des Virtuellen Supermarktes geändert. Es ist nicht möglich, aus einem Java-Applet EventOut-Werte auszulesen, die in einer mit dem INLINE-

Knoten eingefügten Welt generiert werden. In der vorhandenen Architektur (siehe Abbildung 25) könnten also die EventOut-Werte nicht ausgelesen werden, da sie alle in den Produktwelten generiert werden. Damit die Vergleichbarkeit in späteren Tests erhalten bleibt, wird der Supermarkt wie folgt modifiziert:

- alle Produkte werden in der Grundwelt „supermarkt.wrl" definiert,
- der Positionssensor wird in der Grundwelt definiert,
- der Skript-Knoten mit der Funktion *shutdown()* wird in der Grundwelt definiert.

Den neuen Aufbau des Virtuellen Supermarktes zeigt Abbildung 27.

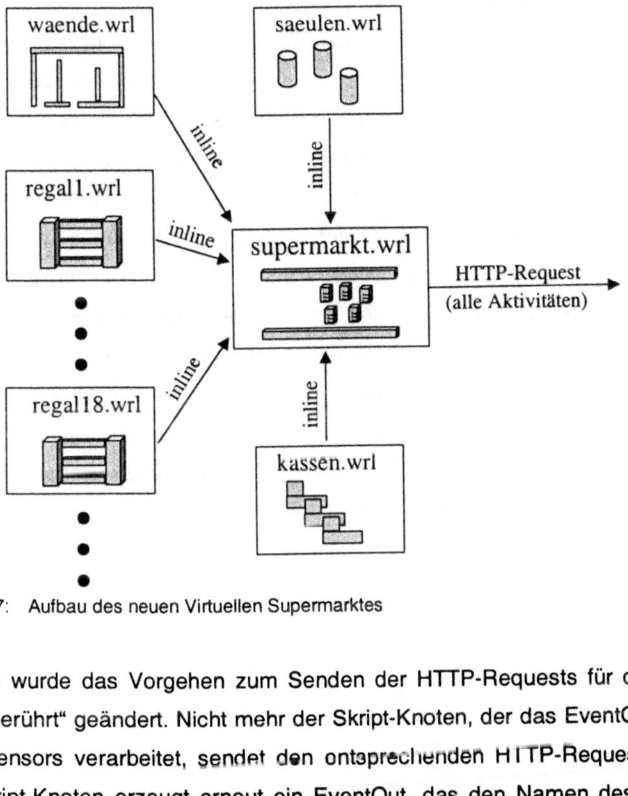

Abbildung 27: Aufbau des neuen Virtuellen Supermarktes

Außerdem wurde das Vorgehen zum Senden der HTTP-Requests für die Aktivität „Produkt berührt" geändert. Nicht mehr der Skript-Knoten, der das EventOut des Berührungssensors verarbeitet, sendet den entsprechenden HTTP-Request, sondern dieser Skript-Knoten erzeugt erneut ein EventOut, das den Namen des jeweiligen Produktes enthält. Diese EventOut-Werte werden mit der ROUTE-Anweisung zu einem einzigen Skript-Knoten (*anfassenSkript*) weitergegeben und dieser Skript-

Knoten versendet den HTTP-Request. Damit wird die Anzahl der Skript-Knoten, die HTTP-Requests versenden, auf die Anzahl der zu erfassenden Aktivitäten reduziert. Wesentlicher Grund für diese Änderung war auch hier, dass damit eine unnötig hohe Anzahl von Skript-Knoten, die das Applet zum Auslesen von *EventOut*-Werten berücksichtigen muss, vermieden wird.

6.2.2.3 Einstellung der Abtastrate für die Avatarposition

Der Positionssensor in VRML stellt die Veränderung der Avatarposition mit einer sehr hohen Abtastrate zur Verfügung. So werden beim kontinuierlichen Bewegen durch den Supermarkt mehrere Positionen pro Sekunde ausgegeben. Die Positionsdaten werden für die Auswertung nicht in dieser Genauigkeit benötigt, sondern es werden nur so viele Wegpunkte benötigt, um den Weg des Probanden nachzeichnen zu können. Weiter würde durch die große Anzahl von HTTP-Requests der Client-Rechner unnötig belastet. Daher wird die Abtastrate einstellbar gestaltet.

Bei den Lösungen mit Verarbeitung der Daten im Java-Skript-Knoten wird dazu der Positionssensor durch den Skript-Knoten *Aktivierung* ständig ein- und wieder ausgeschaltet. Die Steuerung der Schaltzeiten übernimmt der TimeSensor-Knoten *AvatarTimer*, über dessen Zeitintervall (*cycleInterval*) die Abtastrate eingestellt werden kann (Wert für *cycleInterval* entspricht der Abtastrate in Sekunden).

Bei den Lösungen mit der Verarbeitung der Daten im Java-Applet werden zunächst alle Positionsdaten an das Applet übergeben. Im Java-Applet wird ein Datensatz nur dann weiterverarbeitet, wenn sein Zeitstempel mindestens die eingestellte Zeitdifferenz zum letzten verarbeiteten Datensatz aufweist.

6.2.2.4 VRML-Knoten – HTTP-Request – CGI-Programm

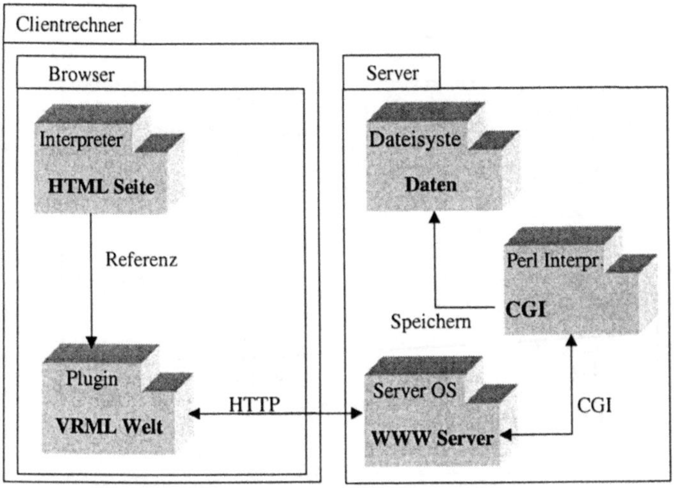

Abbildung 28: Struktur der Lösung VRML-HTTP-CGI

In Abbildung 28 ist die Struktur dieser Lösung dargestellt. In einem Browser auf dem Client-Rechner wird eine HTML-Seite geladen, von der aus die VRML-Welt referenziert wird. In den Skript-Knoten für die jeweiligen Aktivitäten werden die zugehörigen Datensätze mit einem HTTP-Request versendet. Auf der Serverseite nimmt der WWW-Server diesen HTTP-Request entgegen und startet über das CGI-Interface ein CGI-Programm, das die Daten in ein Textfile speichert. Da der Browser eine Antwort auf das HTTP-Request erwartet, generiert das CGI-Programm eine leere HTML-Seite, diese wird vom WWW-Server zurückgeschickt und in dem unsichtbaren linken Frame der HTML-Seite im Browser des Clients angezeigt.

6.2.2.5 VRML-Knoten – HTTP-Request – PHP-Skript

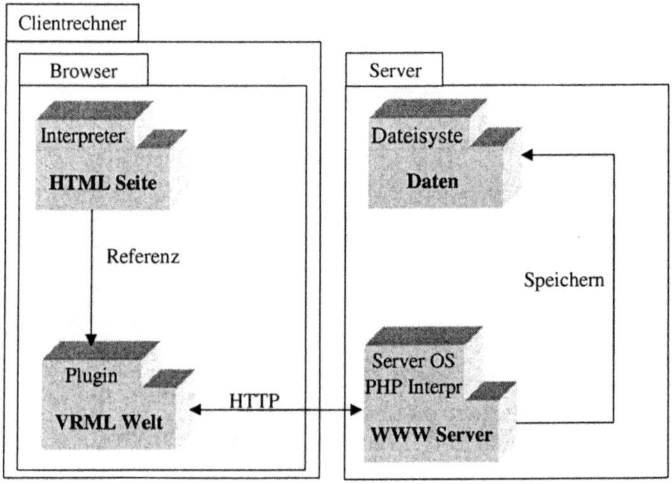

Abbildung 29: Struktur der Lösung VRML-HTTP-PHP

Die Struktur der Lösung mit einem PHP-Skript zeigt Abbildung 29. Im Gegensatz zur Lösung mit einem CGI-Programm ergibt sich nur ein Unterschied in der Struktur. Das PHP-Skript ist direkt in die Dokumente auf dem WWW-Server integriert und wird beim Abruf des Dokumentes ausgeführt.

Beim Schreiben der Textdatei zeigt sich mit PHP-Skript folgendes Problem: Auf den hier verwendeten Server-Rechnern werden nur wenige der ankommenden Datensätze gespeichert. Die Ursache ist in der Zugriffsgeschwindigkeit auf das Dateisystem zu suchen. Das PHP-Skript öffnet die Datei, es schreibt einen Datensatz und schließt die Datei dann wieder. Überschneidet sich dieser Vorgang, so wird der betreffende Datensatz nicht in die Datei geschrieben. Abhilfe schafft hier das folgende Vorgehen: Für jeden Datensatz wird eine neue Datei angelegt, deren Name durch die aktuelle Uhrzeit festgelegt wird. Ein zweites PHP-Skript, das vor der Datenauswertung aufgerufen werden muss, erzeugt dann aus diesen einzelnen Dateien die gewünschte Textdatei.

6.2.2.6 Java-Applet – HTTP-Request – CGI-Programm

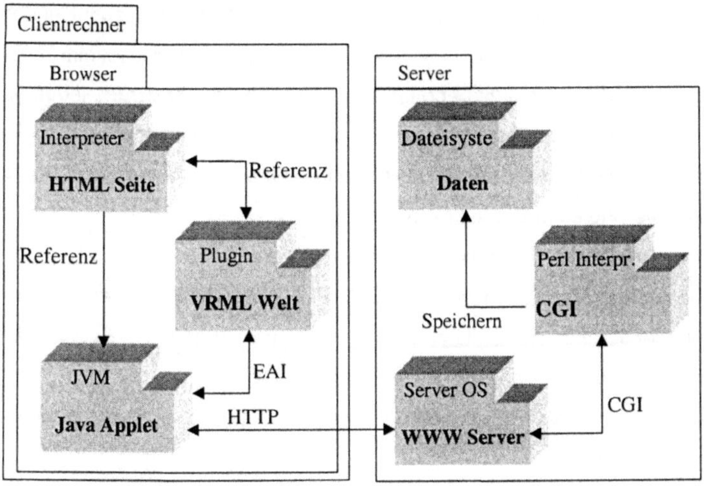

Abbildung 30: Struktur der Lösung Applet-HTTP-CGI

Abbildung 30 veranschaulicht die Struktur der ersten Lösung mittels eines Java-Applets. Hier ist auch die Einbindung des Java-Applets auf dem Client-Rechner ersichtlich. Die Ereignisse in der VRML-Welt werden nun über das EAI vom Java-Applet ausgelesen und erst von dort mittels HTTP-Request an den Server gesendet.

Mit Hilfe des EAI gibt es verschiedene Möglichkeiten, Zugang zu einer VRML-Welt zu erhalten[128]:

- Die volle Funktionalität des in VRML vorhandenen Browser Script Interface[129] kann genutzt werden, z.B. zur Abfrage des Browser Status, zum Hinzufügen und Löschen von Routen (*ROUTE*-Anweisungen) und zum Erzeugen von neuen Knoten in der VRML-Welt
- Senden von *EventIn*-Ereignissen an Knoten in der VRML-Welt
- Auslesen des letzten *EventOut*-Ereignisses von Knoten in der VRML-Welt
- Erhalten einer Benachrichtigung, wenn *EventOut*-Ereignisse von Knoten innerhalb der VRML-Welt generiert werden.

[128] Vgl. Marrin, Chris, a.a.O., S. 3.
[129] Vgl. www.vrml.org/Specifications/VRML97/index.html.

Hier ist nur der letzte Punkt, die Benachrichtigung über *EventOut*-Ereignisse, von Interesse. Die Funktionalitäten zum Verändern der VRML-Welt, zum Senden einzelner *EventIn*-Ereignisse in die VRML-Welt oder zum Auslesen bestimmter *EventOut*-Ereignisse werden hier nicht benötigt. Hier geht es vielmehr darum, jedes generierte *EventOut*-Ereignis zu erfassen. Dieses ist nur über die Benachrichtigung möglich.

Um diesen Zugang zu einer VRML-Welt zu erhalten, sind mehrere Schritte nötig:

- Instanziierung einer Browser-Klasse
- Bildung von Instanzen der gewünschten Knoten
- Bildung der Instanz des interessierenden *EventOut* dieser Knoten
- Implementierung einer Unterklasse, die das Interface *EventOutObserver* implementiert und die Methode *callback()* überschreibt
- Aktivierung der Weiterleitung der *EventOut*-Ereignisse der gewünschten Knoten an *EventOutObserver.*

Durch die Instanziierung einer Browser-Klasse entsteht eine Instanz einer existierenden VRML-Welt. Es handelt sich also um die Java-Kapselung einer existierenden VRML-Welt. Diese Instanz wird gebildet durch die *getBrowser()* Methode der Browser-Klasse.

Der Zugang zu den gewünschten Knoten einer VRML-Welt, d.h. die Bildung einer Instanz der *Node*-Klasse, wird über die Methode *getNode()* der Browser-Klasse hergestellt. Voraussetzung dafür ist, dass den betreffenden Knoten in der VRML-Welt mittels der *DEF*-Anweisung ein Name zugewiesen wurde. Darüber hinaus können nur Knoten in der Grundwelt angesprochen werden, also keine Knoten, die sich in VRML-Welten befinden, die mit dem INLINE-Knoten eingefügt wurden. Der *getNode()*- Methode der Browser-Klasse wird dann der Knotenname übergeben, und sie gibt eine Referenz zu diesem Knoten zurück.

Der Zugang zu den gewünschten *EventOut*-Ereignissen dieser Knoten, d.h. eine Instanz von *EventOut*, wird über die *getEventOut()* Methode der *Node*-Klasse hergestellt. Der *getEventOut()*-Methode wird der Name des interessierenden *EventOut*-Ereignisses des Knotens übergeben, und sie gibt eine Referenz darauf zurück.

Um die Benachrichtigung über generierte *EventOut*-Ereignisse zu erhalten, muss eine Klasse implementiert werden, die das Interface *EventOutObserver* implementiert und die *callback()*-Methode überschreibt. Zur Weiterleitung der *EventOut*-Ereignisse wird der *advise()*-Methode von *EventOut* eine Instanz dieser Klasse übergeben. Immer wenn ein *EventOut*-Ereignis von einem der verbundenen Knoten generiert wird, wird die *callback()*-Methode dieser Klasse ausgeführt und dabei der Wert und der Zeitstempel des *EventOut*-Ereignisses übergeben. Der *advise()*-Methode wird zusätzlich ein benutzerdefiniertes Objekt übergeben. Dieses Objekt wird dann bei jedem Aufruf an die *callback()*-Methode weitergegeben. Dieses Objekt kann benutzt werden, um benutzerspezifische Daten zusammen mit dem *EventOut*-Ereignis zu übergeben, so kann ein einzelner *EventOutObserver* die Ereignisse verschiedener Quellen verarbeiten.

Im hier implementierten „marktapplet" wird die Instanzierung der Browser-Klasse mit der *getBrowser()*-Methode der Browser-Klasse in der gleichnamigen Applet-Methode durchgeführt. Da das Applet und die VRML-Welt gleichzeitig geladen werden, ist es möglich, dass das Applet versucht, die Browser-Klasse zu instanziieren, während die VRML-Welt noch nicht vollständig geladen ist. In diesem Fall wird eine Ausnahme ausgeworfen und alle weiteren Schritte sind ohne eine Instanz der Browser-Klasse nicht möglich. Aus diesem Grund versucht die Applet Methode *getBrowser()* bis zu 30 Mal eine Instanz der Browser-Klasse zu bilden, womit das oben beschriebene Problem nicht mehr auftritt.

Interessierende Knoten sind die Skript-Knoten *AvatarPosition* und *AnfassenScript* mit den *EventOut*-Ereignissen position_changed und anfassen_changed.

Die Klasse *TheEventOutObserver* implementiert das Interface *EventOutObserver*. In der Methode *callback()* erfolgt zunächst eine Unterscheidung, ob es sich um Positionsdaten oder Produktdaten (z.B. Produkt wurde berührt) handelt. Die Unterscheidung erfolgt anhand eines String-Objektes, das, wie oben beschrieben, mit den Daten übergeben wird. Dann werden die Datensätze entsprechend der Datenart erstellt und mit einem HTTP-Request zum Server geschickt. Bei der Verarbeitung von Positionsdaten kann zusätzlich die Abtastrate über eine Konstante eingestellt werden.

Da das Applet und die VRML-Welt gleichzeitig geladen werden, fallen die Zeitpunkte für das Betreten und Verlassen des Virtuellen Supermarktes zusammen mit den Zeitpunkten für Start und Beendigung der Ausführung des Applets. Daher könnten die Datensätze für Betreten und Verlassen des Virtuellen Supermarktes in den Methoden *start()* und *destroy()*, die beim Starten bzw. Beenden des Applets automatisch ausgeführt werden, mit einem HTTP-Request zum Server gesendet werden. Hier trat bei der Ausführung der Methode *destroy()* ein Fehler auf. Obwohl die Methode korrekt aufgerufen wurde und alle Anweisungen abgearbeitet wurden, wurde kein HTTP-Request versendet. Gründe für diesen Fehler konnten weder in der Java-Sprachreferenz noch in der entsprechenden Literatur gefunden werden. Aus diesem Grund wurde diese Lösung nicht umgesetzt.

Eine weitere Möglichkeit zu versuchen, das Betreten und Verlassen des Virtuellen Supermarktes zu erfassen, ist folgende: Es werden zwei Skript-Knoten in der VRML-Welt definiert, die jeweils eine der Funktionen *initialize()* oder *shutdown()* enthalten. Diese Funktionen erzeugen jeweils nur ein *EventOut*-Ereignis. Diese Ereignisse werden im Java-Applet verarbeitet und lösen das Senden eines HTTP-Requests mit dem entsprechenden Datensatz aus. Auch hier trat ein Fehler auf, die HTTP-Requests wurden nicht immer geschickt. Dies hängt damit zusammen, dass Applet und VRML-Welt gleichzeitig gestartet und gestoppt werden. Dieser Vorgang ist nicht synchronisiert, so kann es vorkommen, dass in VRML die Funktion *initialize()* ausgeführt wird, während das Applet noch nicht gestartet ist. Analog kann das Applet bereits beendet sein, wenn in VRML die Funktion *shutdown()* ausgeführt wird. In beiden Fällen wird dann kein HTTP-Request verschickt. Deshalb wurde auch diese Lösung nicht umgesetzt.

Die HTTP-Requests mit den Datensätzen für das Betreten und Verlassen des Virtuellen Supermarktes werden deshalb aus zwei Skript-Knoten in der VRML-Welt verschickt.

Die Verarbeitung auf dem Server erfolgt wie im Kapitel 6.2.2.3 beschrieben.

6.2.2.7 Java-Applet – HTTP-Request – PHP-Skript

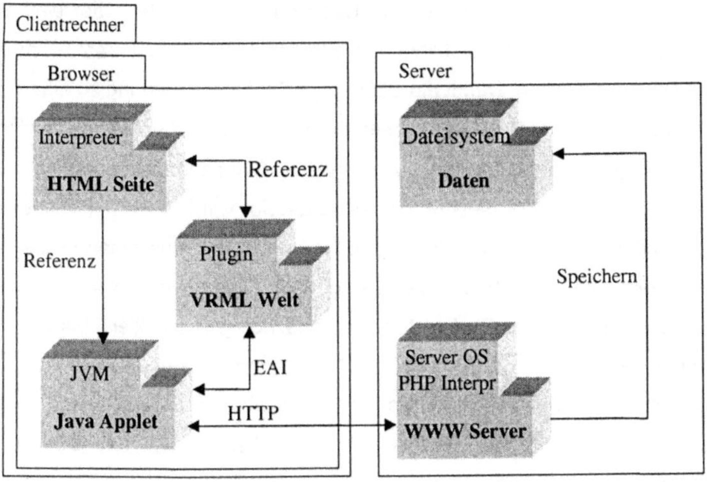

Abbildung 31: Struktur der Lösung Applet-HTTP-PHP

Die Struktur der Lösung mit serverseitigem PHP-Skript zeigt Abbildung 31. Die Verarbeitung auf dem Client-Rechner erfolgt, wie im Kapitel 6.2.2.5 beschrieben wurde. Die Verarbeitung auf dem Server entspricht der im Kapitel 6.2.2.4 erläuterten.

6.2.2.8 Java-Applet – Socket-Verbindung – Java-Server

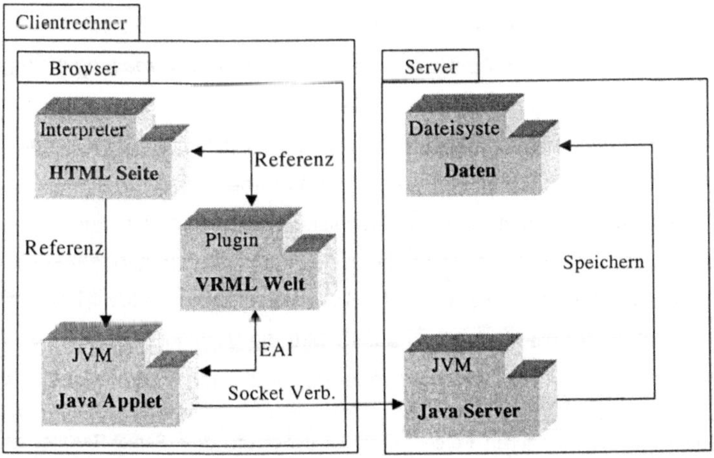

Abbildung 32: Struktur der Lösung Applet-Socket-Server

Abbildung 32 zeigt die grobe Struktur der Lösung mit einer Datenübertragung mittels Socket-Verbindung. Die Grundlagen zur Übertragung von Daten über eine Socket-Verbindung und zum zugrundeliegenden Stream-Konzept sind bereits im Kapitel 6.2.1.2 dargestellt worden. Damit ein Client eine Socket-Verbindung zu einem Server aufbauen kann, muss auf der Serverseite bereits ein *ServerSocket* instanziiert sein, der an einem zugewiesenen Port auf die Verbindungsanfrage des Clients wartet. Wenn eine Verbindung zu diesem Server aufgebaut wird, muss der Server darauf reagieren, indem er diesen Verbindungsaufbau akzeptiert und einen neuen Socket speziell für diese Verbindung zur Verfügung stellt. Dies geschieht mit der Methode *accept()* der Klasse *ServerSocket*. Die Methode *accept()* blockiert, bis ein Verbindungswunsch eintrifft.

Beim hier implementierten Java-Programm *Server* wird ein *ServerSocket* „server" instanziiert, der auf den Verbindungswunsch eines Clients wartet und dann für diese Verbindung einen neuen Socket *client* zur Verfügung stellt[130]. Ist der Verbindungsaufbau erfolgt, instanziiert der Server einen neuen *Handler* und übergibt das Socket *client* an diesen. Damit der Server wieder für eine neue Verbindung bereit ist, laufen diese Schritte in einer Endlosschleife ab. Es können also viele Verbindungen parallel bestehen, die von unterschiedlichen *Handlern* verwaltet werden. Der *Handler* übernimmt eine bestehende Verbindung, liest die Datensätze und speichert diese in einer Textdatei. Der *Handler* wird beendet, wenn die Verbindung geschlossen wird oder abbricht. Verbindungsaufbau, -übergabe und -fehler werden sowohl vom Server wie vom *Handler* in einem Logfile dokumentiert.

Auf der Clientseite wird zum Applet noch die Unterklasse *Verarbeitung* hinzugefügt, die den Aufbau der Socket-Verbindung, das Übertragen der Datensätze und das Schließen der Verbindung übernimmt. In der Methode *callback()* werden dann die erstellten Datensätze an die Methode *send()* von Verarbeitung übergeben, statt sie in ein HTTP-Request einzufügen und zu verschicken wie in den bisherigen Lösungen. Die Klasse *Verarbeitung* behandelt Fehler in der Verbindung folgendermaßen: Kann keine Verbindung aufgebaut werden (z.B. Server nicht bereit), so wird eine Fehlerseite angezeigt. Bricht die Verbindung ab, so wird die Verbindung sofort neu aufgebaut. Dabei geht genau ein Datensatz verloren, bei dessen Versenden der Verbin-

[130] Der Server sollte so konfiguriert werden, dass zusammen mit dem Server-Rechner das Java Programm „Server" gestartet wird. Nur so ist gewährleistet, dass der Server ständig zu einem Verbindungsaufbau mit einem Client bereit ist.

dungsabbruch bemerkt wird. Beim Beenden des Applets (Verlassen des Virtuellen Supermarkts) wird die Verbindung nach der Übertragung des letzten Datensatzes geschlossen.

6.2.3 Test und Bewertung

Wichtig für alle folgenden Tests und Bewertungen ist die Vergleichbarkeit der Ergebnisse. Dazu ist es erforderlich, alle Tests mit den gleichen Randbedingungen durchzuführen. Ein erster Schritt dazu war die Anpassung des Virtuellen Supermarktes (siehe Kapitel 6.2.2.2), so dass für alle fünf Lösungen ein gleicher Aufbau der VRML-Welt vorliegt und auch alle Ereignisse in der VRML-Welt in gleicher Weise verarbeitet werden. Weiter soll für alle Tests der Client-Rechner und Server-Rechner sowie das verbindende Netzwerk gleich bleiben.

6.2.3.1 Testkriterien

Die unterschiedlichen Lösungen, deren Implementierungen in Kapitel 6.2.2 beschrieben wurden, wurden nach folgenden Kriterien getestet und bewertet:

- Vollständigkeit der übertragenen Datensätze
- Performance auf dem Client-Rechner
- Implementierungs- und Anpassungsaufwand
- Plattformunabhängigkeit

Die Bewertung der alternativen Implementierungen stellt damit ein Multi-Criteria-Problem dar.

- **Vollständigkeit der übertragenen Datensätze**

Die Vollständigkeit der übertragenen Datensätze ist von sehr großer Bedeutung für die spätere Auswertung der Probandenaktivitäten im Virtuellen Supermarkt. Das Fehlen von Datensätzen zur Probandenposition kann die Ergebnisse der Laufstudie verfälschen oder diese sogar unmöglich machen. Fehlen Datensätze zu angefassten Produkten, kann bei einer Auswertung z.B. keine Aussage darüber gemacht werden, welche Produkte ein Proband verglichen hat, bevor er eines dieser Produkte gekauft hat.

Die Vollständigkeit der übertragenen Datensätze steht im direkten Zusammenhang mit der Anzahl der Datensätze, die pro Zeiteinheit übertragen werden. Je mehr Datensätze pro Zeiteinheit übertragen werden, desto größer ist die Wahrscheinlichkeit, dass diese nicht vollständig übertragen werden. Der Grund hierfür ist dabei weniger bei der eigentlichen Übertragung zu suchen als vielmehr bei den Client- und Server-Rechnern. Die Rechner können mit steigender Anzahl von Sende- und Empfangsprozessen diese nicht mehr alle parallel verarbeiten, und somit gehen Datensätze verloren. Zu beachten ist, dass der Server die Daten mehrerer Clients (Probanden) quasi zeitgleich empfangen und verarbeiten muss.
Ein Test der Vollständigkeit der übertragenen Datensätze muss also mit unterschiedlichen Abtastraten (siehe Kapitel 6.2.2.3) erfolgen. Dabei ist zu beachten, dass die Abtastrate nur so weit gesenkt werden darf, dass eine Auswertung in Form einer Laufstudie noch möglich ist.
Eine weitere Einflussgröße auf die Vollständigkeit der übertragenen Daten ist die Struktur des Netzwerkes zwischen Client- und Server-Rechner, d.h. die Anzahl der Netzwerkknoten zwischen beiden Rechnern. Hier lassen sich mit Blick auf den Einsatz in der Praxis zwei Fälle abgrenzen: Es befinden sich beide Rechner im selben LAN, wie es etwa der Fall ist, wenn die Probanden einer Marktforschungsstudie in ein Labor eingeladen werden, in dem die Rechner für sie bereitstehen. Im zweiten Fall besteht zwischen den beiden Rechnern eine Verbindung über das Internet. Dies entspricht dem Fall, dass die Probanden einer Marktforschungsstudie ihren eigenen Rechner zu Hause benutzen und über das Internet eine Verbindung mit dem Server des Marktforschungsinstitutes herstellen.
Der Test auf Vollständigkeit der übertragenen Datensätze wird also vergleichend in einem LAN und über das Internet durchgeführt, um Aussagen über den Einfluss der Netzwerkstruktur auf die Vollständigkeit der übertragenen Daten zu gewinnen.
Bei der Durchführung der Tests soll weiter die reale Situation, dass sich ein Proband durch den Virtuellen Supermarkt bewegt, berücksichtigt werden. Dieses ist von Bedeutung, da der Client-Rechner zusätzlich durch das Berechnen und Anzeigen der VRML-Welt und das Umsetzen der Probandenbefehle belastet wird. Es laufen parallel zur Datenübertragung also noch andere Prozesse auf dem Client-Rechner ab, die die Datenübertragung beeinflussen können. Bei einer Automatisierung der Test-

läufe ist das Verhalten der Lösung im realen Einsatz nur sehr eingeschränkt vorhersagbar.

Hier werden deshalb alle Tests so durchgeführt, dass eine Person am Client-Rechner sitzt und sich mit Hilfe der Maus durch den Virtuellen Supermarkt bewegt. Es werden keine Datensätze automatisch generiert, der Lauf durch den Supermarkt wird nicht automatisiert.

Zuletzt soll in diesem Abschnitt die Stabilität der Lösungen bewertet werden. Es folgt eine Untersuchung, ob es unregelmäßig auftretende Fehler, die die Datenübertragung auf Client- oder Serverseite beeinflussen, oder Abstürze des gesamten Systems gibt.

- **Performance auf dem Client-Rechner**

Der Begriff „Performance" steht hier für die Leistungsfähigkeit des Client-Rechners zur Darstellung der VRML-Welt. Das heißt, ist der Client-Rechner in der Lage, neben allen anderen ablaufenden Prozessen (Datenübertragung usw.) die VRML-Welt so darzustellen, dass der Proband den Eindruck hat, sich durch einen realen Supermarkt zu bewegen? Sind im Supermarkt nur verzerrte Bewegungen möglich oder werden Texturen erst nach Betreten eines Raumes geladen, so wird dieser Eindruck nur schwer zu vermitteln sein.

Dieses ist so wichtig, da das Verhalten eines Probanden in einer Virtuellen Welt nur dann Rückschlüsse auf die Realität zulässt, wenn die Immersion möglichst hoch ist. Immersion beschreibt dabei, inwieweit der Proband eine künstliche Welt als seine Realität wahrnimmt und in sie „eintaucht", wobei die Technik, die dies ermöglicht, idealerweise völlig in den Hintergrund tritt[131].

Aus diesem Grund ist es hier nicht sinnvoll, die Performance auf dem Client-Rechner als variables Testkriterium aufzunehmen und für jede Lösung einen Grad der Erfüllung dieses Testkriteriums zu ermitteln. Die ausreichende Performance auf dem Client-Rechner ist vielmehr als Vorraussetzung für die Eignung einer Lösung für den Einsatz in der Praxis anzusehen.

Hier wird deshalb als Testvoraussetzung eine ausreichende Performance auf dem Client-Rechner gefordert, d.h. die Bewegungen in der VRML-Welt sind flüssig mög-

[131] Vgl. Hennig, Alexander, a.a.O., S. 14.

lich, die Berechnung der Raum- und Texturdarstellungen ist so schnell, dass für den Benutzer kein verzögerter Bildaufbau sichtbar wird, usw.

- **Implementierungs- und Anpassungsaufwand**

Die Bewertung des Implementierungs- und Anpassungsaufwandes stellt eine Entscheidungshilfe für einen potentiellen Anwender dar, der die Implementierung einer der vorgestellten Lösungen beabsichtigt. Im Rahmen einer Kosten-/Nutzen-Analyse vor der Implementierung gibt diese Bewertung Anhaltspunkte für den zu erwartenden Aufwand zur Realisierung einer Lösung und die Qualität der damit erhaltenen Lösung. Dies ist wichtig, da von Seiten des Benutzers unterschiedliche Zielvorstellungen vorliegen können.

Einerseits kann es Ziel des Benutzers sein, die Implementierung möglichst schnell abzuschließen. Dies kann z.B. der Fall sein, wenn die Ergebnisse der Marktforschungsstudie in sehr kurzer Zeit benötigt werden, um z.B. das Produkt vor der Konkurrenz auf den Markt zu bringen. Andererseits kann es auch das Ziel sein, die Kosten für die Implementierung möglichst niedrig zu halten, wenn z.B. ein geringes Budget für eine Studie zur Verfügung steht.

Im Gegensatz zu den beiden letztgenannten Zielen, kann es aber auch Ziel sein, eine möglichst gute Lösung zu erhalten. Hier liegt das Hauptaugenmerk auf der Qualität und Zuverlässigkeit der Lösung. Dies kann z.B. von Interesse sein, wenn eine zuverlässige Datenbasis benötigt wird und daher sichergestellt sein muss, dass alle Daten aus der Virtuellen Welt übertragen und gespeichert werden.

- **Plattformunabhängigkeit**

Hier wird die Einsetzbarkeit einer Lösung auf unterschiedlichen Plattformen bewertet: Stellen sich bei einer Änderung der Plattform (Browser, VRML-Plug-In usw.) Probleme ein, und welche Auswirkungen haben diese auf das Verhalten der jeweiligen Lösung?

Die Plattformunabhängigkeit ist ein wichtiges Kriterium für die Portierbarkeit einer vorhandenen Lösung auf verschiedene Hard- und Softwaresysteme. Dies ist z.B. wichtig, wenn eine in einem Unternehmen vorhandene Lösung auch für ein anderes Unternehmen genutzt werden soll. Gerade im Bereich der KMU gibt es eine große

Anzahl von Unternehmen mit unterschiedlichen Hard- und Softwaresystemen. Daher ist die Plattformunabhängigkeit also für das Projekt BENEVIT besonders wichtig. Weiter wichtig ist die Plattformunabhängigkeit bei Durchführung einer Marktforschungsstudie, bei der die Probanden ihren eigenen Rechner zu Hause benutzen und über das Internet mit dem Server des Marktforschungsinstitutes verbunden sind. Bei einer entsprechend hohen Anzahl von Probanden findet sich auch hier eine große Anzahl unterschiedlicher Hard- und Softwaresysteme.

6.2.4 Testdurchführung

Aufgrund der im Kapitel 6.2.3.1 genannten Testkriterien wurden die Tests wie folgt durchgeführt: Es wurde für jede Testvariante ein immer gleicher Weg durch den Virtuellen Supermarkt verfolgt, dabei wurden stets die gleichen Produkte angefasst. Die Tests wurden nicht automatisiert durchgeführt, sondern von einer Person am Client-Rechner. Zur Sicherstellung der Aussagekraft der Testergebnisse wurde der Supermarkt für jede Testvariante zehn Mal durchlaufen. Diesen Laufweg durch den Virtuellen Supermarkt zeigt Abbildung 33. Die Reihenfolge und der Standort der angefassten Produkte sind dort durch Zahlen markiert.

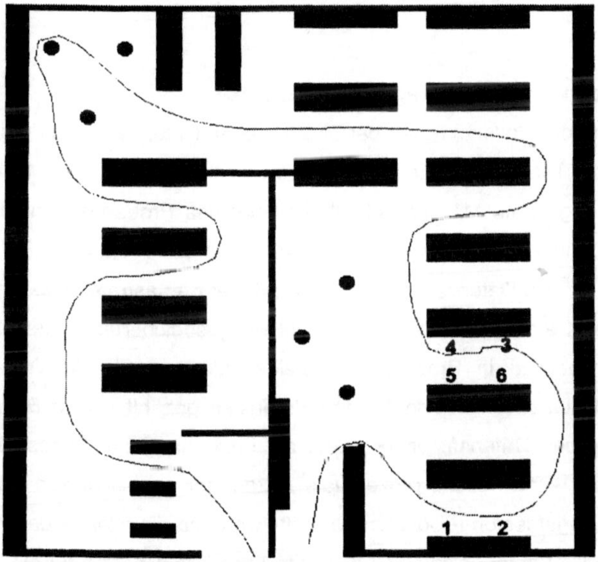

Abbildung 33: Laufweg durch den Virtuellen Supermarkt und angefasste Produkte

Durch Variation der verschiedenen Testkriterien ergeben sich folgende Testvarianten:

Die Variation der Abtastrate erfolgt durch Wahl der Abtastraten 1s und 2s. Die Zeiten wurden so gewählt, dass nicht unnötig viele Daten übertragen werden, jedoch die Laufstudie noch zu aussagekräftigen Ergebnissen führt.

Die Variation des Netzwerkes zwischen Client- und Server-Rechner erfolgte zwischen der Nutzung eines LAN für die erste Testreihe und der Nutzung des Internets für die zweite Testreihe. Bei der Nutzung des Internets musste weiter sichergestellt sein, dass die übertragenen Datenpakete über eine genügend große Anzahl von Netzknoten übertragen werden, damit die Verbindung als repräsentativ für eine beliebige Internetverbindung angesehen werden kann.

6.2.5 Testergebnisse

Die Testergebnisse werden zunächst getrennt nach den Kriterien „Vollständigkeit der übertragenen Datensätze“, „Performance auf dem Client-Rechner“, „Implementierungs- und Anpassungsaufwand“ und „Plattformunabhängigkeit“ präsentiert. Im nächsten Abschnitt erfolgt dann eine Alternativen vergleichende Zusammenfassung der Ergebnisse.

- **Vollständigkeit der übertragenen Datensätze**

Zur Ermittlung der Vollständigkeit der übertragenen Datensätze wurde für jeden der zehn Läufe pro Testvariante die Anzahl der im Textfile gespeicherten Datensätze zur Avatarposition gezählt. Mit der Aufenthaltsdauer des Probanden im Virtuellen Supermarkt und der eingestellten Abtastrate wurde die Soll-Anzahl der Datensätze berechnet (Soll-Anzahl Datensätze = Aufenthaltsdauer / Abtastrate). Das Verhältnis von gespeicherten Datensätzen zur Soll-Anzahl an gespeicherten Datensätzen wurde dann berechnet und in Prozent dargestellt. Analog wurde die Anzahl der gespeicherten Datensätze zu angefassten Produkten gezählt und in Bezug zur Soll-Anzahl von sechs Datensätzen pro Lauf als Prozentangabe dargestellt. Über alle zehn Testläufe wurde für die prozentuale Anzahl der gespeicherten Datensätze zu Position und angefassten Produkten der Mittelwert und die Standardabweichung berechnet. Tabelle 4 zeigt beispielhaft das detaillierte Testergebnis für die Testvariante

"VRML-Skript-Knoten - HTTP-Request – CGI-Programm“ mit einer Abtastrate von 1s über ein LAN.

Lauf	Anzahl Datensätze Position	Soll-Anzahl Datensätze Position	Prozent Datensätze Position	Anzahl Datensätze Produkt	Soll-Anzahl Datensätze Produkt	Prozent Datensätze Produkt
1	54	106	51	5	6	83
2	47	91	52	6	6	100
3	41	96	43	6	6	100
4	57	100	57	5	6	83
5	45	93	48	5	6	83
6	47	95	49	6	6	100
7	51	100	51	6	6	100
8	47	103	46	6	6	100
9	45	95	47	6	6	100
10	48	104	46	4	6	67
Mittelwert:			49			91,6
Standardabweichung:			3,9			11,8

Tabelle 4: Ergebnis der Testvariante: VRML-HTTP-CGI, 1s, LAN

Die Ergebnisse der Testreihe über das LAN zeigen Tabelle 5 und Abbildung 34.

Testvariante				Datensätze Position [%]		Datensätze Produkt [%]	
Client	Übertragung	Server	Abtastrate	Mittelwert	Standardabw	Mittelwert	Standardabw
VRML	HTTP	CGI	1s	49,0	3,9	91,6	11,8
VRML	HTTP	CGI	2s	93,3	4,1	96,6	7,2
VRML	HTTP	PHP	1s	48,9	5,1	88,2	11,3
VRML	HTTP	PHP	2s	94,0	2,1	93,3	11,6
Applet	HTTP	CGI	1s	98,9	1,1	95,0	11,2
Applet	HTTP	CGI	2s	100,8	1,0	100,0	0,0
Applet	HTTP	PHP	1s	99,1	1,3	100,0	0,0
Applet	HTTP	PHP	2s	101,2	1,0	100,0	0,0
Applet	Socket	Server	1s	100,0	0,0	100,0	0,0
Applet	Socket	Server	2s	100,8	1,0	100,0	0,0

Tabelle 5: Testergebnisse der Testreihe über LAN[132]

[132] Werte größer 100 % bei Abtastrate 2s sind rundungsbedingt, da die Soll-Anzahl der Datensätze berechnet wurde mit: Aufenthaltsdauer im virtuellen Supermarkt dividiert durch 2s.

Bei den Ergebnissen der Testreihe über das LAN fällt auf, dass die beiden Testvarianten mit Verarbeitung der Aktivitätsdaten im VRML-Skript-Knoten und Versendung der Datensätze mittels HTTP-Request mit Abtastrate 1s relativ zu den anderen Testvarianten sehr schlechte Ergebnisse zeigen. Es werden weniger als 50% der Datensätze für die Avatarposition übertragen und nur etwa 90% der Datensätze für angefasste Produkte. Bei Erhöhung der Abtastrate auf 2s zeigt sich bei der Avatarposition eine starke Verbesserung der übertragenen Datensätze auf über 93%, während die Prozentzahl der übertragenen Datensätze für angefasste Produkte nur leicht ansteigt.

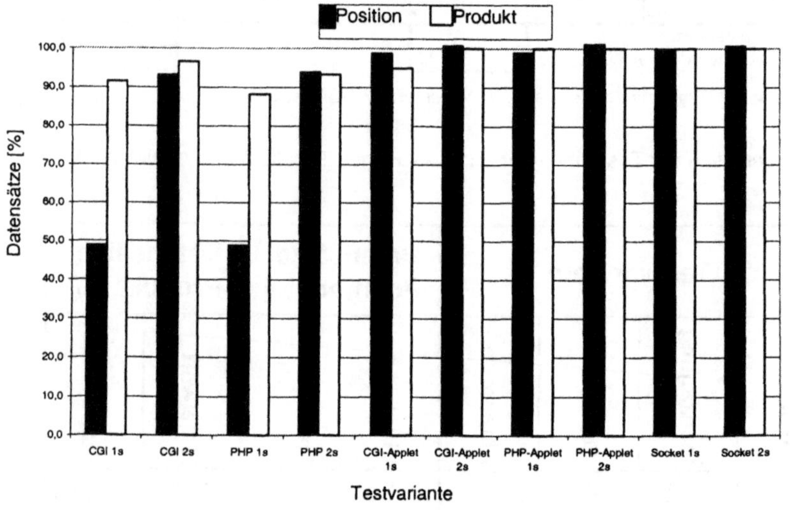

Abbildung 34: Testergebnisse der Testreihe über LAN

Im Gegensatz dazu zeigen die Testvarianten mit Verarbeitung der Aktivitätsdaten im Java-Applet und Versendung der Daten mittels HTTP-Request ein gutes Testergeb nis. Für beide Abtastraten liegen die übertragenen Datensätze zur Avatarposition über 98,9% und die Prozentzahl der übertragenen Datensätze für angefasste Pro dukte bei 95% und 100%.

Auffallend ist die große Differenz der Ergebnisse zwischen den Testvarianten mit Verarbeitung der Aktivitätsdaten im VRML-Skript-Knoten und im Java-Applet bei einer Abtastrate von 1s. Dieses gilt insbesondere bei den übertragenen Datensätzen für die Avatarposition. Da in beiden Fällen die Datensätze mittels HTTP-Request versendet werden und die Verarbeitung auf dem Server ebenfalls gleich ist, liegt die Ursache für diese Differenz in der Verarbeitungsgeschwindigkeit im VRML-Skript-Knoten. Müssen zu viele Datensätze pro Zeiteinheit verarbeitet werden, reicht die Verarbeitungsgeschwindigkeit von VRML nicht mehr aus und Datensätze gehen verloren. Wird die Abtastrate auf 2s gesenkt, verringert sich dieses Problem, und es gehen wesentlich weniger Datensätze verloren.

Die beiden Testvarianten mit Verarbeitung der Aktivitätsdaten im Java-Applet und Übertragung über eine Socket-Verbindung zeigen für alle Datenarten ein Ergebnis von 100% und damit das beste Testergebnis dieser Testreihe.

In Tabelle 6 und Abbildung 35 sind die Ergebnisse der Testreihe über das Internet dargestellt.

Testvariante				**Datensätze Position [%]**		**Datensätze Produkt [%]**	
Client	**Übertragung**	**Server**	**Abtastrate**	**Mittelwert**	**Standardabw.**	**Mittelwert**	**Standardabw.**
VRML	HTTP	CGI	1s	47,5	5,7	90,0	22,6
VRML	HTTP	CGI	2s	96,6	2,7	100,0	0,0
VRML	HTTP	PHP	1s	47,5	5,0	88,3	22,4
VRML	HTTP	PHP	2s	95,8	1,5	100,0	0,0
Applet	HTTP	CGI	1s	99,9	0,3	100,0	0,0
Applet	HTTP	CGI	2s	100,6	1,0	100,0	0,0
Applet	HTTP	PHP	1s	99,9	0,3	100,0	0,0
Applet	HTTP	PHP	2s	100,8	1,0	100,0	0,0
Applet	Socket	Server	1s	100,0	0,0	93,4	13,9
Applet	Socket	Server	2s	100,4	0,8	96,7	10,4

Tabelle 6: Testergebnisse der Testreihe über Internet[133]

[133] Werte größer 100 % bei Abtastrate 2s sind rundungsbedingt, da die Soll-Anzahl der Datensätze berechnet wurde mit: Aufenthaltsdauer im virtuellen Supermarkt dividiert durch 2s.

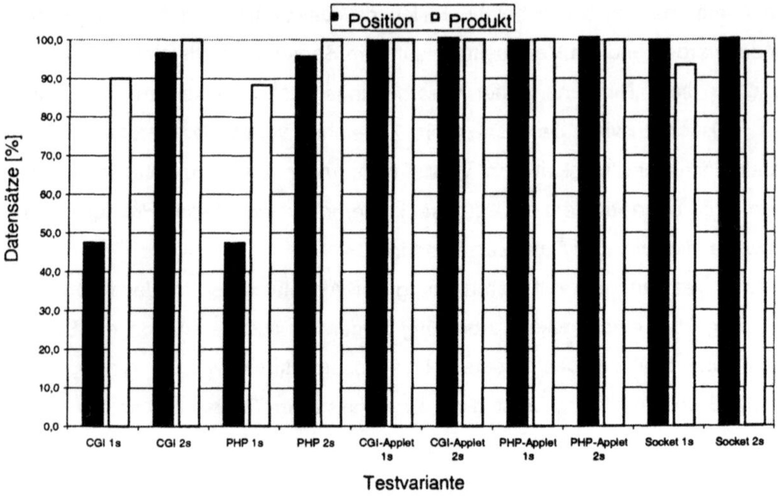

Abbildung 35: Testergebnisse der Testreihe über Internet

Die Ergebnisse der Testreihe über das Internet zeigen tendenziell das gleiche Bild wie die Ergebnisse der Testreihe über das LAN. Auffallend sind jedoch die Prozentwerte der übertragenen Datensätze für angefasste Produkte bei den Testvarianten mit Socket-Verbindung: Bei den beiden Testvarianten mit Verarbeitung der Aktivitätsdaten im VRML-Skript-Knoten mit Abtastrate 1s liegen die Werte - wie bei den Tests über LAN - nahe 90%. Bei allen anderen Testvarianten mit Versendung der Daten über HTTP-Request zeigen sich Werte von 100%. Für die Testvarianten mit Socket-Verbindung betragen die Werte jedoch nur 93,4% und 96,7%, obwohl die Datensätze zur Avatarposition zu 100% übertragen wurden. Eine Erklärung für dieses Verhalten zeigt sich auch nicht bei Betrachtung der Ergebnisse aus den einzelnen Testläufen.

Bis auf diese Abweichung bei den Testvarianten mit Socket-Verbindung zeigt sich beim Wechsel des benutzten Netzwerkes von einem LAN auf das Internet keine Veränderung der Ergebnisse. Die Wahl des verbindenden Netzwerkes hat also keine messbaren Auswirkungen auf die Vollständigkeit der übertragenen Daten.

- **Performance auf dem Client-Rechner**

Bei allen Testvarianten erwies sich die Performance auf dem Client-Rechner als gut. Die Bewegungen in der VRML-Welt sind ruckfrei möglich, die Berechnung der Raum- und Texturdarstellungen sind ausreichend schnell, d.h. für den Benutzer nicht sichtbar.

Nur die Ladezeit nach dem Aufruf des Virtuellen Supermarktes bis zu seiner vollständigen Darstellung verlängerte sich bei den Testvarianten über das Internet. Während die Ladezeit über das LAN 10s – 15s betrug, lag sie beim Laden des Supermarktes über Internet bei 40s – 60s (es wurde ein DSL-Zugang mit maximaler Übertragungsrate 768 kbit/sec verwendet).

Bei Performance-Problemen auf dem Client-Rechner „realer“ Probanden handelt es sich um eine technisch bedingte und nur temporäre Restriktion. Durch die ständige Weiterentwicklung der Technik von Rechnern und Netzwerken werden in der Zukunft in diesem Bereich immer weniger Einschränkungen zu erwarten sein.

- **Implementierungs- und Anpassungsaufwand**

Die Beschreibung des Implementierungsaufwandes erfolgt hier nicht durch die Angabe absoluter Größen wie z.B. Manntage o.ä. Diese Größen sind in hohem Maße abhängig von äußeren Einflussgrößen wie Mitarbeiter (Anzahl, Erfahrung, Leistung), Entwicklungsmethoden und Werkzeuge, Entwicklungshilfsmittel, Modell des Entwicklungsablaufs usw.[134]. Aus diesem Grund ist die Allgemeingültigkeit solcher absoluter Größen fraglich und deren Angabe nicht sinnvoll.

Deshalb wird hier eine vergleichende Beschreibung des Implementierungsaufwandes gewählt in der Form, dass der Aufwand zur Erstellung einer festgelegten Lösung mit 100% definiert wird. Vergleichend dazu erfolgt dann eine Schätzung des Aufwandes zur Erstellung der anderen Lösungen. Grundlage für die Schätzungen sind die Implementierungsleistungen im Rahmen dieser Arbeit.

Der Aufwand zur Erstellung folgender Lösung wird mit 100% definiert: Es liegt ein modular aufgebauter Virtueller Supermarkt vor (vgl. Kapitol 5.2.2.2). Die Aktivitätsdaten werden mittels HTTP-Request aus Skript-Knoten in VRML übertragen. Die

---

[134] Vgl. Frühauf, K./ LudewigJ./ Sandmayr, H.: Software- Projektmanagement und Qualitätssicherung, Zürich 1999.

Verarbeitung der HTTP-Requests auf dem Server erfolgt durch ein CGI-Programm mit Perl-Script.

Für die Lösung mit Übertragung der Aktivitätsdaten mittels HTTP-Request aus VRML-Skript-Knoten und serverseitiger Verarbeitung der HTTP-Requests mittels PHP ist der Aufwand geringfügig kleiner. Mit PHP sind die Verarbeitung der übergebenen Parameter und der Zugriff auf das Dateisystem des Servers einfacher programmierbar als mittels eines CGI-Programmes mit Perl-Script. Eine Reduzierung des Aufwandes um mehr als 2% ist jedoch nicht zu erwarten. Der Aufwand für diese Lösung beträgt damit 98%.

Soll die Verarbeitung der Aktivitätsdaten mittels eines Java-Applets erfolgen, ist ein komplett modularer Aufbau des Virtuellen Supermarktes nicht mehr möglich. Der Grund hierfür ist, dass ein Auslesen von *EventOut*-Ereignissen durch ein Java-Applet über das EAI nur bei Knoten der Grundwelt möglich ist. Liegt ein Knoten in einer mit der Inline-Funktion eingefügten Teilwelt, ist kein Zugriff auf seine *EventOut*-Ereignisse möglich (vgl. Kapitel 0). Der Mehraufwand bei nicht modularer Erstellung des Supermarktes liegt bei 15%. Zusätzlich muss das Java-Applet implementiert werden und in die HTML-Seite, die auch den Supermarkt enthält, integriert werden. Der Mehraufwand hier liegt bei 20%.

Entsprechend ergibt sich der Aufwand für die Lösung mit Java-Applet, Übertragung der Daten mit HTTP-Request und serverseitiger Verarbeitung mittels CGI-Programm mit Perl-Script zu 135%.

Bei Wechsel der serverseitigen Verarbeitung zu PHP verringert sich der Aufwand lt. obiger Schätzung wieder um 2%. Damit beträgt der Aufwand für die Lösung 133%.

Die letzte verbleibende Lösung mit Datenübertragung über eine Socket-Verbindung erfordert folgenden zusätzlichen Aufwand: Der Supermarkt kann aus den genannten Gründen nicht modular erstellt werden (15%), bei Implementierung und Integration des Applets fallen weitere 25% an. Statt des CGI-Programms mit Perl-Script muss ein Java-Server implementiert werden, was einen Mehraufwand von 10% verursacht. Der Aufwand für diese Lösung liegt demnach bei 150%.

Tabelle 7 fasst die Schätzung des Implementierungsaufwandes für die einzelnen Lösungen zusammen.

Client	Übertragung	Server	Geschätzte Implementierung aufwand
VRML	HTTP	CGI	100%
VRML	HTTP	PHP	98%
Applet	HTTP	CGI	135%
Applet	HTTP	PHP	133%
Applet	Socket	Server	150%

Tabelle 7: Geschätzte Implementierungsaufwände

Der Anpassungsaufwand für das Entfernen oder Hinzufügen von Bestandteilen des Supermarktes (Produkte, Regale usw.) ist bei Lösungen mit modular aufgebautem Supermarkt geringer als bei den Lösungen mit teilweise nicht modularem Aufbau. Beim modular aufgebauten Supermarkt kann der neue Bestandteil einfach als eigenständige Teilwelt programmiert und dann über die Inline-Anweisung in den Supermarkt geladen werden. Beim nur teilweise modular aufgebauten Supermarkt ist dies nur möglich, wenn die neue Teilwelt kein *EventOut*-Ereignis generiert, das vom Java-Applet ausgelesen werden soll. Ansonsten muss der neue Bestandteil direkt in den Programmcode des Supermarktes integriert werden, was etwas aufwändiger ist. In beiden Fällen steigt jedoch der Anpassungsaufwand linear mit der Anzahl der hinzuzufügenden Bestandteile.

Der Anpassungsaufwand für das Hinzufügen von neuen Aktivitätsarten ist abhängig von der Art der gewünschten Aktivität. Handelt es sich um eine global in der VRML-Welt überwachte Aktivität (Avatarposition, Avatarblickwinkel), muss nur ein Skript-Knoten in VRML geändert oder hinzugefügt werden. Zusätzlich muss bei den Lösungen mit Java-Applet das Applet so angepasst werden, dass das zusätzliche *EventOut*-Ereignis vom Applet ausgelesen werden kann. Handelt es sich um eine nicht global überwachte Aktivität (Berührungssensor eines Produkts usw.), müssen alle betroffenen Skript-Knoten angepasst werden. Der Aufwand für die Anpassung des Java-Applets bleibt jedoch gleich.

- **Plattformunabhängigkeit**

Sowohl HTML als auch VRML sind vom World Wide Web-Consortium[135] festgelegte und nach ISO spezifizierte Sprachstandards. Jeder Browser mit einem VRML-Plug-In sollte demnach den Virtuellen Supermarkt darstellen können und die in den Skript-Knoten definierten Skripte abarbeiten können. Die Lösungen ohne Java-Applet sollten also unabhängig von der vorhandenen Plattform einsetzbar sein. Dennoch kann es aufgrund von Fehlern innerhalb eines Browsers oder Plug-Ins Abweichungen davon geben. Hier wurden der MS-Internet Explorer mit dem Blaxxun Contact Plug-In eingesetzt. Eine Einsetzbarkeit mit anderen Browser-Plug-In-Kombinationen muss im Einzelfall überprüft werden.

Bei den Lösungen mit Java-Applet und Datenaustausch zwischen VRML-Welt und Java-Applet über das EAI kann es jedoch Abhängigkeiten von der verwendeten Plattform geben. Die Referenz zum EAI ist in einem Vorschlag für einen Anhang an die Referenz von VRML 2.0 (VRML 97) spezifiziert[136]. D.h. das EAI ist kein offizieller Bestandteil der Sprachreferenz zu VRML, so dass kein Plug-In-Anbieter daran gebunden ist. Die bekanntesten Plug-Ins (Blaxxun Contact, Cosmo Player, u.a.) implementieren jedoch diesen Vorschlag, so dass eine Benutzung des EAI möglich ist. Auch hier gilt, das aufgrund von Fehlern im Browser, Plug-In oder der JVM (Java Virtual Machine) Abweichungen möglich sind und eine Einzelfallprüfung erfolgen sollte.

Serverseitig müssen folgende Komponenten für die jeweils vorhandene Serverplattform vorhanden sein: WWW-Server mit CGI, JVM, Perl-Interpreter und PHP-Interpreter. Diese Komponenten sind jedoch für fast jede Serverplattform verfügbar, so dass die serverseitige Verarbeitung der Daten plattformunabhängig möglich ist. Analog zur Clientseite ist jedoch auch hier eine Verifizierung im Einzelfall nötig, wenn andere als die hier verwendeten Komponenten genutzt werden sollen.

---

[135] Vgl. www.w3c.org.
[136] Vgl. Marrin, Chris, a.a.O.

6.2.6 Vergleichende Zusammenfassung der Ergebnisse

Die Ergebnisse aus dem Kapitel 6.2.5 werden im folgenden noch einmal vergleichend zusammengefasst.

Eine Abhängigkeit der Testergebnisse vom verbindenden Netzwerk konnte bei Tests über ein LAN und über das Internet nicht festgestellt werden. Der weitere Vergleich der Lösungen gilt also unabhängig vom Netzwerk.

Die beiden Lösungen mit Verarbeitung der Aktivitätsdaten im VRML-Skript-Knoten zeigen eine starke Abhängigkeit der Ergebnisse von der gewählten Abtastrate. Bei einer Abtastrate von 1s werden weniger als 50% der Datensätze zur Avatarposition übertragen. Bei einer Abtastrate von 2s steigt die Anzahl der übertragenen Datensätze zur Avatarposition auf 93% bis 96%. Der Implementierungsaufwand für diese Lösungen ist dabei jedoch am geringsten und es sind keine plattformabhängigen Probleme zu erwarten.

Werden die Benutzeraktivitäten im Virtuellen Supermarkt mit hoher Abtastrate und/oder hoher Zuverlässigkeit der Datenübertragung benötigt, so sind diese Lösungen ungeeignet. Reicht jedoch eine niedrige Abtastrate und eine Zuverlässigkeit der Datenübertragung von 93% bis 96% aus, so kann der niedrige Implementierungsaufwand die Umsetzung einer dieser beiden Lösungen rechtfertigen.

Die beiden Lösungen mit Verarbeitung der Aktivitätsdaten im Java-Applet und Übertragung mittels HTTP-Request zeigen bei allen Abtastraten ein gutes Ergebnis. In allen Fällen wurden mehr als 98,9% der Datensätze zur Avatarposition übertragen. Der Implementierungsaufwand für diese Lösungen liegt jedoch 35% höher als bei den oben genannten Lösungen. Abhängig vom eingesetzten VRML-Plug-In können hier plattformabhängige Probleme auftreten, wenn das Plug-In das EAI nicht unterstützt.

Diese Lösungen eignen sich für alle Abtastraten und zeichnen sich durch ihre hohe Zuverlässigkeit aus. Ob der höhere Implementierungsaufwand gerechtfertigt ist, muss jedoch im Einzelfall geprüft werden.

Die Lösung mit Übertragung der Daten über eine Socket-Verbindung wird von den beiden letztgenannten Lösungen dominiert. Es zeigte sich keine Verbesserung der Zuverlässigkeit der Datenübertragung bei gleichzeitig um weitere 15% höherem Implementierungsaufwand. Die Umsetzung dieser Lösung ist deshalb nicht sinnvoll.

Eine Übersicht über die Ergebnisse zeigt Tabelle 8.

Lösung			Kriterium			
Client	Übertragung	Server	Vollständig-keit	Performance Client-Rechner	Implement. aufwand	Plattformun-abhängigkeit
VRML	HTTP	CGI	-	+++	++(+)	+++
VRML	HTTP	PHP	-	+++	+++	+++
Applet	HTTP	CGI	+++	+++	+	++
Applet	HTTP	PHP	+++	+++	+	++
Applet	Socket	Server	++(+)	+++	-	++

Tabelle 8: Vergleichende Zusammenfassung der Ergebnisse[137]

6.3 Generierung OLAP-System

Im Rahmen einer prototypischen Umsetzung des BENEVIT-Standards wurde auf das Data Warehouse MicroStrategy, Version 7.2.1, zurückgegriffen, das die Speicherung, Analyse und Präsentation der multidimensionalen Marktforschungsdaten adäquat unterstützt.

Im Folgenden werden zunächst die dabei verwendeten semantischen und logischen Datenmodelle vorgestellt und der Einsatz eines OLAP-Werkzeuges motiviert. Anschließend wird der prototypische Einsatz des Data Warehouse im Rahmen des prototypischen Gesamtsystems erläutert.

Abbildung 36 zeigt die Verwendung multidimensionaler Berichte durch den Marktforscher im Technologischen Kontakt.

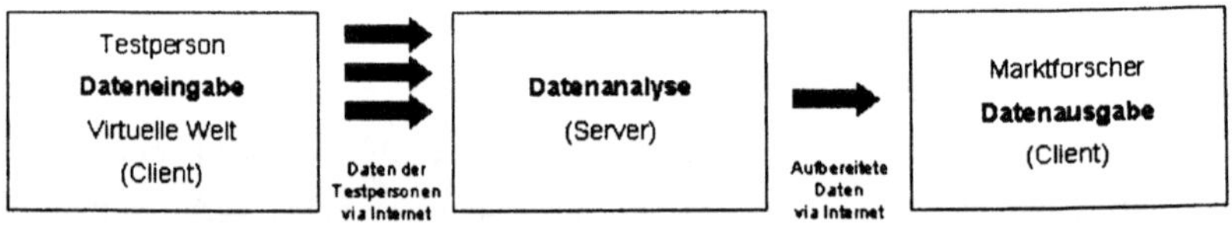

Abbildung 36: BENEVIT-Marktforschungssystem

[137] Zeichenerklärung: +++: sehr gut; ++: gut; +: befriedigend; -: ausreichend; --: mangelhaft

6.3.1 Semantische Datenmodellierung

Für die semantische Modellierung des eingesetzten Data Warehouse ist zunächst die Bestimmung der relevanten Dimensionen und Fakten[138] notwendig. Die Dimensionen ergeben sich aus der Spezifikation der Atome und Moleküle (vgl. Abschnitte 5.2.2 und 5.2.3) im BENEVIT-Standard, wobei die letztendlich im Data Warehouse verwendeten Dimensionen nicht mit denen des BENEVIT-Standards identisch sein müssen (s.u.). Für die Aufgabenstellung an das Data Warehouse sind die Moleküle teilweise nicht relevant, da bspw. die Laufweganalyse der Probanden über ein anderes integriertes Softwarewerkzeug (vgl. Abschnitt 6.2) realisiert wird. Da Moleküle aber prinzipiell aus der Aggregation mehrerer Atome gebildet werden, können sie ebenfalls für Auswertungen herangezogen werden.

Im Data Warehouse sollen die Aktivitäten der Probanden in Bezug auf Produkte im Zeitablauf näher analysiert und je nach marktforscherischer Anforderung auch aggregiert werden. Weiterhin ergeben sich durch Konstellationen verschiedener Aktivitäten sowie durch deren zeitliche Abfolge weitere Auswertungsobjekte (Moleküle). Die im BENEVIT-Standard auftretenden Dimensionen *Proband*, *Produkt* und *Zeit* beschreiben die Aktivitäten bzw. Atome näher und werden daher auch als Dimensionen für das Data Warehouse herangezogen, wobei die Bezeichnung *Produkt* durch *Sortiment* ersetzt wird. Bei der Behandlung von Aktivitäten besteht zum einen die Möglichkeit, diese als Fakten zu behandeln (Faktwerte sind dann die IDs der Aktivitäten), zum anderen die Option, auch sie mittels einer Dimension darzustellen (Faktwerte bestehen dann stets aus dem Wert 1). Die zweite Alternative bietet die Möglichkeit, im Sinne der Erfüllung des marktforscherischen Informationsbedarfs auch (OLAP-) Auswertungen hinsichtlich der Aktivitäten durchzuführen. Die Dimensionen „Fixation" und „Raum" werden nicht als Data Warehouse-Dimensionen übernommen, da hierfür aus dem Prototypen des Virtuellen Supermarktes keine Daten generiert werden (Fixation) bzw. anderweitige Auswertungen erfolgen (Raum). Damit ergeben sich zusammenfassend als vier Dimensionen des Data Warehouse die folgenden: *Proband*, *Sortiment*, *Aktivität* und *Zeit*. Gegenstand der Auswertung sind Ereignisse

[138] Vgl. Kimball, R., The Data warehouse lifecycle toolkit: expert methods for designing, developing, and deploying data warehouses; John Wiley & Sons, Inc.; New York, Weinheim; 1998, S. 165f., S. 272ff.

(Events), sie bilden einen Fakttyp im Data Warehouse. Ereignisse entstehen durch das Agieren der Probanden im Virtuellen Raum und werden durch das Auftreten einer bestimmten Attributkombination der Dimensionsattribute spezifiziert. Das Ereignis selbst wird lediglich als Wahrheitswert („tritt auf" bzw. 1) abgelegt, so stellt es die Verbindung zwischen den Dimensionsattributen her. Hierbei ist zu untersuchen, ob alle Ereignisse in gleichem Maße durch Attributausprägungen aller Dimensionen bestimmt werden. Ein weiterer Fakttyp entsteht durch die Betrachtung der Dauer bestimmter Moleküle wie z.B. die Verweildauer im Supermarkt oder die Betrachtungsdauer eines Objektes. Zeitdauerbezogene Fakten hängen dimensional nur vom Probanden und ggf. vom Sortiment ab.

Zur strukturierten semantischen Modellierung wird die von Determann[139] 2001 entwickelte KOSMO-Methodik verwendet, die es ermöglicht, die Modellierungssichten Struktur, (Daten-)Quantität und Aggregation(-spfade) in den Betrachtungsebenen Selektion, Definition/Konkretisierung und Konnektion zu betrachten. Sie bietet für die unterschiedlichen Entwicklungsschritte verschiedene grafische Notationsformen an, die im Folgenden auszugsweise für die Darstellung des semantischen Modells des BENEVIT-Data Warehouse verwendet werden. Die erwähnten Betrachtungsebenen beziehen sich hierbei auf einen wiederkehrenden Prozess innerhalb der Modellierungssichten, dessen aktuelle Ergebnisse hier lediglich als Momentaufnahme präsentiert werden. Die folgende Darstellung stellt die Vorgehensweise und die Verwendung der unterschiedlichen Notationsformen grafisch dar.

---

[139] Vgl. Determann, L., Modellierung analytischer Informationssysteme, ein Konzept zur multidimensionalen Datenstrukturierung, Wiesbaden, 2002.

Quantität

Struktur

Aggregation

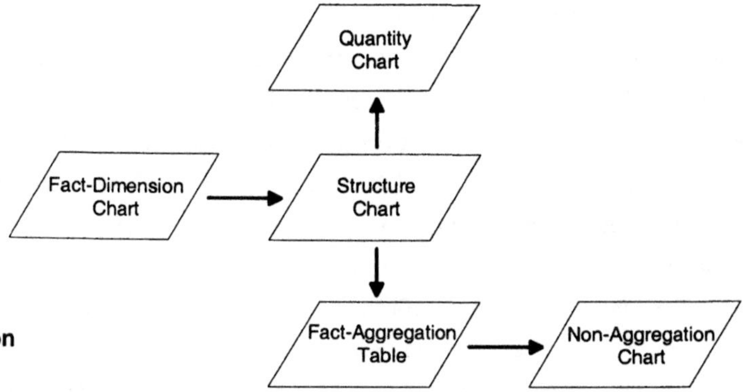

Abbildung 37: Notationsformen und ihre Reihenfolge

Zur Erstellung des Fact-Dimension-Chart muss zusätzlich zur Definition und Verifikation der Fakten und Dimensionen geklärt werden, ob und auf welchem Aggregationsniveau die Fakten von den Dimensionen bestimmt werden. Hierzu ist die folgende tabellarische Darstellung hilfreich. Ein „X“ in einer Dimensionszelle bedeutet, dass das entsprechende Fakt durch Attributausprägungen dieser Dimensionen beschrieben wird. Im Rahmen des BENEVIT-Standards existieren unterschiedliche Fakttypen (Ereignis oder Dauer), wobei zwischen Atom (A) und Molekül (M) unterschieden wird.

Data Warehouse-Dimensionen				**Fakten und ihre BENEVIT-Bedeutung**		
Aktivitäten	Proband	Sortiment	Zeit	Fakttyp	Atom/Molekül	Fakt
X	X	--	X	Ereignis	A	Weltevent
X	X	X	X	Ereignis	A/M	Produktevent
--	X	--	--	Dauer	M	Aufenthalts-dauer
X	X	X	--	Dauer	M	Beschäfti-gungsdauer

Tabelle 9: Dimensionen und Fakten

Unter dem Fakt *Weltevent* werden Ein- und Austritt eines Probanden subsumiert, d.h. die Aktivitäts-ID kann in der entsprechenden Faktentabelle zwei mögliche Werte annehmen. Der Fakt *Produktevent* fasst die (atomaren) Aktivitäten *Anfassen*, *Kippen*, *Zurückkippen*, *Ablegen* und *Zurückstellen* sowie die zusammengesetzte bzw. molekulare Aktivität *Kaufen* (in den Warenkorb ablegen und nicht mehr zurückstellen). Der Fakt Aufenthaltsdauer speichert probandenspezifisch die Verweildauer im Supermarkt; der Fakt Beschäftigungsdauer umfasst die Dauern für die (molekularen) Aktivitäten *Betrachtungsdauer Deckel*, *Betrachtungsdauer Rand* und Gesamtbeschäftigungsdauer mit dem Produkt, d.h. die Aktivitäts-ID kann drei Werte annehmen. Aus dieser Darstellung lässt sich das Fact-Dimension Chart formen, wobei hier insbesondere die unterschiedlichen dimensionalen Abhängigkeiten deutlich werden. Jede Fakt(-gruppe) ist ausschließlich mit denjenigen Dimensionen verknüpft, die den einzelnen Faktwert beeinflussen. Für Produkt- und Weltevents gilt, dass für jedes Auftreten ein einzelner Faktwert (mit dem Wert „1") erzeugt wird. Dies ermöglicht Zählungen der Ereignisse und sämtliche darauf aufbauende Berechnungen im zu modellierenden Data Warehouse. Alle anderen Fakten enthalten als Wert ihre Dauer. Beispielhaft bedeutet dies für die Aufenthaltsdauer, dass für jeden Probanden die Differenz aus Start- und Endzeit seines Aufenthalts im Virtuellen Supermarkt als Faktwert abgelegt wird.

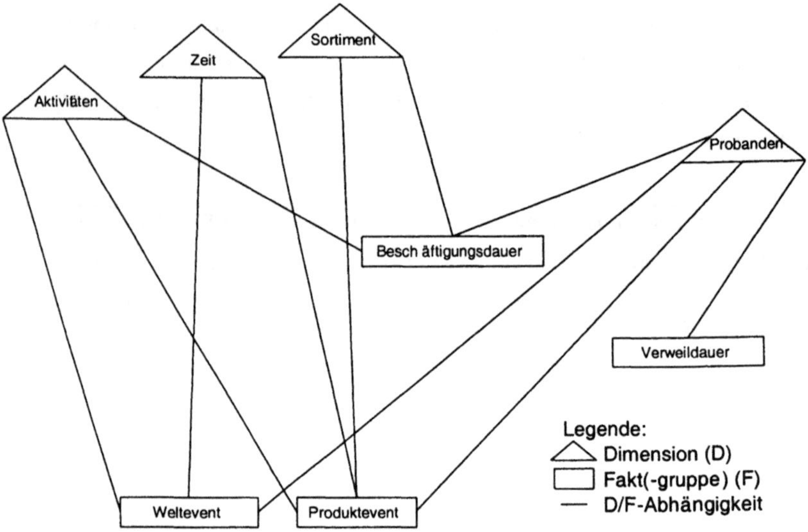

Abbildung 38: Fact-Dimension Chart

Im aktuellen Entwicklungsstadium des Data Warehouse ist eine Beschränkung ausschließlich auf die Produktevents vorgenommen worden, so dass aus den in Abbildung 39 dargestellten Faktgruppen lediglich diese für die weitere Darstellung von Bedeutung ist.

Den nächsten Entwicklungsschritt hin zum semantischen Modell stellt das Structure Chart dar. Hierfür sind alle im Fact-Dimension Chart gezeigten Dimensionen mit ihren Attributen und deren Beziehungen zu ergänzen. Bei den Beziehungen ist zusätzlich die Art der Beziehung zu vermerken; im hier betrachteten Teilmodell sind lediglich 1:N-Beziehungen vorhanden. Die Probanden- und Aktivitätsdimension bestehen lediglich aus einer Hierarchiestufe, hier sind für die Zukunft weitere Hierarchisierungen möglich und geplant. Insbesondere ist eine weitere Strukturierung der Probandendimension sinnvoll, um anhand von Gruppierungen (z.B. männlich/weiblich, Altersklassen etc.) weitergehende Fragestellungen der Marktforschung beantworten zu können. Die Sortimentsdimension hat eine lineare Struktur, deren Stufung sich mit dem betrachteten Ausschnitt der Sortimentsstruktur des am Projekt teilnehmenden Unternehmens Franz Zentis GmbH & Co. KG deckt. Die Elemente des Dimensionsattributes *Produkt* stellen in Abgrenzung zu *Artikel* konkrete Produkte an einem bestimmten Regalstandort im Virtuellen Supermarkt dar. *Artikel* verkörpert allgemein Produkte eines bestimmten Typs ohne einen bestimmten Standort. Die Zeitdimension spannt vom Jahr auf höchster Ebene bis zur stundengenauen Betrachtung eines Tages auf niedrigster Ebene. Die Aggregationspfade laufen sowohl über Monate als auch über Kalenderwochen zum Jahr. Wochentage als Generalisierung von Tagen und Stundentyp als Generalisierung von Tagesstunden ermöglichen Auswertungen der Fakten auf diesen Ebenen, wobei Stundentyp eine stundengenaue Uhrzeit zwischen 00:00 und 23:00 unabhängig von konkreten Tagen darstellt. Für Produktevents ergibt sich aus dieser Modellierungsweise das in Abbildung 39 gezeigte Structure Chart.

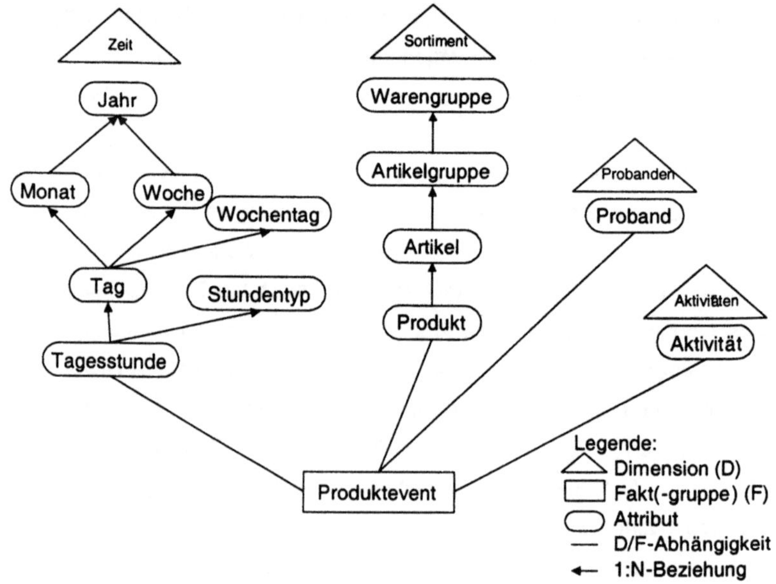

Abbildung 39: Structure Chart

In ähnlicher Form lassen sich für die anderen Faktgruppen ebenfalls Structure Charts erstellen. Je nach Komplexität der Darstellung können diese schließlich zu einem einzigen Structure Chart zusammengefasst werden oder in ihrer separaten Darstellung verbleiben, wobei sich dann die Darstellung einiger Dimensionen wiederholt.

Eine Identifizierung und Kategorisierung von marktforschungsrelevanten Kennzahlen (Fakten) kann anhand der Dimensionen vorgenommen werden. Für die Kombination *Sortimentsdimension/Aktivitätsdimension* zeigt Abbildung 40 ein Kennzahlensystem; weitere Kennzahlensysteme unter Einbeziehung der anderen Dimensionen werden derzeit erarbeitet. Das dargestellte Structure Chart deckt mit dem Fakt *Produktevent* und durch die Einbeziehung aller betrachtbaren Dimensionen einen weiten Teil dieser marktforschungsrelevanten Kennzahlen ab.

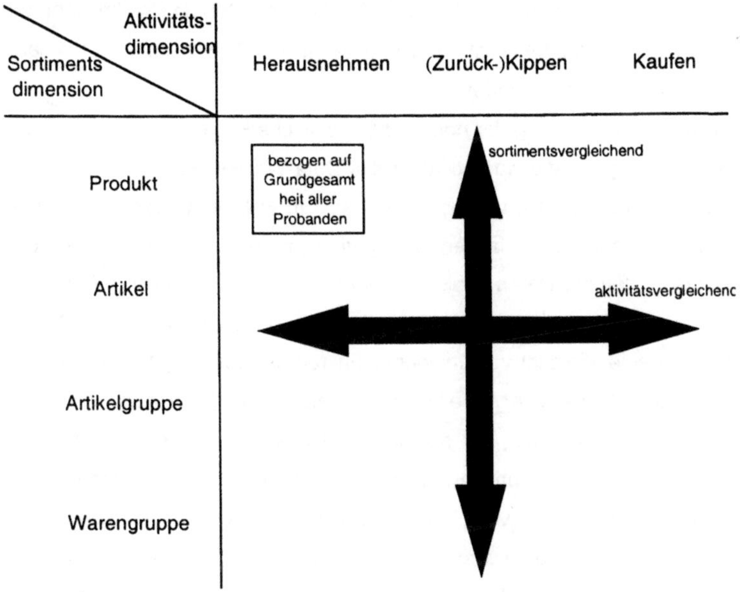

Abbildung 40: System von aktivitäts- und sortimentsvergleichenden Kennzahlen

Aktivitätsvergleichende Kennzahlen fixieren beispielsweise einen bestimmten Artikel und ermitteln das Verhältnis der Anzahl herausgenommener und gekaufter Produkte dieses Artikels zu der Anzahl der herausgenommenen. Analog lassen sich Verhältnisse auf anderen Attribut(eben)en bilden. Produktvergleichende Kennzahlen hingegen fixieren z.B. die Aktivität *Kaufen* und bilden das Verhältnis der Anzahl gekaufter Produkte einer Artikelgruppe zur Anzahl der gekauften Produkte der übergeordneten Warengruppe. Im Sinne der Produkt- und Aktivitätsdimension nicht-vergleichende Kennzahlen ermitteln das Verhältnis der Anzahl derjenigen Probanden, die die fixierte Aktivität bezogen auf das fixierte Attributelement der Produktdimension durchgeführt haben, zu der Anzahl aller Probanden.

Die KOSMO-Methodik schlägt bereits an dieser Stelle des semantischen Modellprozesses vor, eine Abschätzung der zu erwartenden Datenmengen (Fakten und Dimensionen) anhand eines sogenannten Quantity Charts vorzunehmen. Dies soll verhindern, dass im weiteren Erstellungsprozess des Data Warehouse Fakten und Granularitätsniveaus von Dimensionen abgelegt werden, deren Wert für Fragestellungen im Vergleich zur dafür benötigten Speicherkapazität nur sehr gering ausfällt. Es wird auf eine Entwicklung des Quantity Charts verzichtet, da sich im Rahmen des Projekts die insgesamt betrachtete Grundmenge der Daten noch auf einem prototypisch niedrigen Niveau befindet.

An die semantische Abschätzung der notwendigen Speicherkapazitäten schließt sich die Betrachtung der Aggregationsperspektive des Data Warehouse an. In der Fact-Aggregation Table wird definiert, welche Fakten sich in welcher Weise entlang der Dimensionenspfade aggregieren lassen (Navigationspfade). Weiterhin stehen die Berechnungsvorschriften zur Datenverdichtung im Kern dieser Darstellung. Aufgrund der Tatsache, dass in der semantischen Modellierung von Data Warehouse-Systemen üblicherweise eine Vielzahl verschiedener Fakten Verwendung findet, wird für das Fact-Aggregation Table einer tabellarischen Darstellung der Vorzug vor einer graphischen Darstellung gegeben, um die Übersichtlichkeit zu erhöhen. Dargestellt werden die Einflussdimensionen des jeweiligen Fakts, die Art der Aggregierbarkeit in ihren möglichen Ausprägungen „voll", „semi" und „nicht" sowie die Berechnungsformel zur Aggregation. Außerdem wird vermerkt, ob es sich bei dem jeweiligen Fakt um eine Ableitung aus anderen Fakten handelt; so lässt sich beispielsweise ein einfacher Gewinnbegriff aus der Subtraktion des Fakts „Kosten" vom Fakt „Umsatz" ableiten. Bezüglich der Art der Aggregierbarkeit bedeutet „semi", dass ein Fakt nicht in allen Einflussdimensionen aggregierbar ist; z.B. wäre ein Lagerbestandswert sinnvoll geographisch durch Summation zu aggregieren, aber nicht zeitlich.

Für den Prototypen des BENEVIT-Data Warehouse ergibt sich die folgende Fact-Aggregation Darstellung:

	Dimension				...
Fakt	Aktivitäten	Zeit	Sortiment	Probanden	...
Produktevent	X	X	X	X	...

...	Aggregierbarkeit			Berechnung	
...	voll	semi	nicht	abgeleitet	Formel
...	X			Nein	COUNT distinct (ProdEvent)

Tabelle 10: Fact-Aggregation Table

Das Fakt *ProduktEvent* wird hier mit einer Berechnungsvorschrift versehen, die es ermöglicht, innerhalb der Dimensionen zu aggregieren. Eine solche Kombination aus Fakt und Berechnungsvorschrift wird auch als Metrik bezeichnet.

Als letzter Schritt der semantischen Modellierung schließt die KOSMO-Methodik mit dem Non-Aggregation Chart ab, in dem die Faktengruppen in Bezug auf die Art ihrer Aggregierbarkeit zusammen mit den Dimensionen dargestellt werden. Nur semi- und nichtaggregierbare Fakten werden hier aufgenommen. Nicht aggregierbare Fakten werden in der Grafik gesondert ohne Bezug zu den Dimensionen dargestellt, was auf die Unmöglichkeit der Navigation innerhalb der Dimensionen für diese Fakten hinweist. Da es sich bei dem aktuell betrachteten Fakt im Rahmen des BENEVIT-Data Warehouse um ein voll aggregierbares Fakt handelt, entfällt diese Darstellung.

6.3.2 Logische Datenmodellierung

Innerhalb der logischen Datenmodellierung wurde die Übertragung der Semantik auf ein relationales Datenmodell gewählt, damit die spätere Auswertung mit einem ROLAP-Werkzeug (MicroStrategy 7) erfolgen konnte.

Die Repräsentation des semantischen Modells in einer relationalen Struktur erfolgt über ein vollständig denormalisiertes Snowflake-Schema (vgl. Kurz 1999, S. 164ff; Hahne 1999, Kimball, 1998, 170f.), das im aktuellen Ausbaustand des Data Warehouse lediglich eine Faktentabelle enthält. Für jede Dimension wird auf jeder Stufe eine sogenannte Lookup-(Dimensions-)Tabelle gebildet, welche alle Attributelemente der jeweils betrachteten und aller in der Hierarchie oberhalb befindlichen Stufen enthält. Somit ist es möglich, Faktentabellen anderer Dimensionalität oder einfach Aggregatfaktentabellen zur Performance-Steigerung ohne großen Aufwand im Data Warehouse zu modellieren und abzulegen. Aufgrund der relativ geringen Dimensionstiefe ist der durch die Verwendung dieses Snowflake-Schemas steigende Speicherplatzbedarf zu vernachlässigen und das Schema somit als adäquat zur Problemlösung im Projektumfeld anzusehen. Die folgende Darstellung zeigt exemplarisch einen Ausschnitt aus dem entwickelten Schema. Gezeigt werden lediglich die Dimensionen *Zeit* und *Sortiment* mit einigen Dimensionsstufen bzw. Attributen.

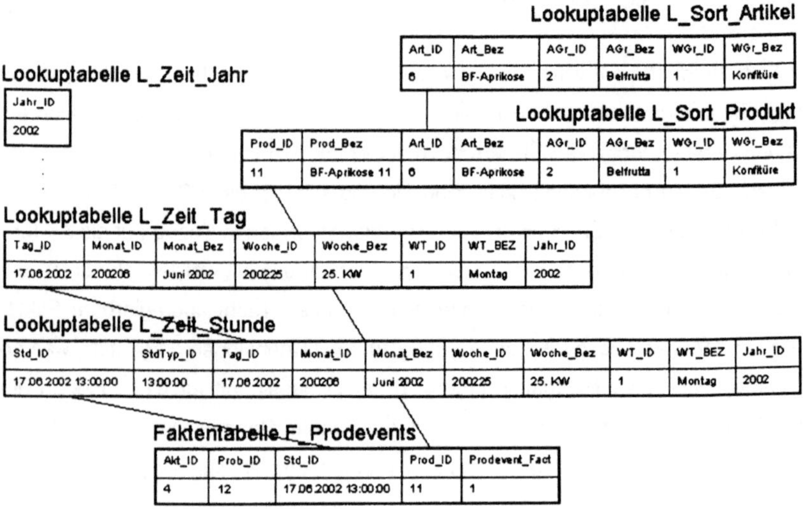

Abbildung 41: Snowflake-Schema BENEVIT (Ausschnitt)

Die Strukturierungskriterien der Dimensionen werden durch die ID-Spalten definiert. Die Bezeichnungsspalten dienen der verbesserten Darstellung der Werte im Auswertungswerkzeug. Die graphische Darstellung zeigt die bewusst in Kauf genommene Redundanz innerhalb der Dimensionstabellen nochmals deutlich. Dies führt zur Steigerung der Berichtsperformance durch die Verringerung von JOIN-Operationen bei der Navigation innerhalb der Dimensionen.

Exemplarisch für die vielseitig gestaltbaren Marktforschungsberichte (s. Abschnitt 6.3.1) ist vergrößert in Abbildung 42 ein Bericht zu sehen, der absolut und relativ die Beschäftigung von Probanden mit bestimmten Produkten wiedergibt.

Beschäftigung mit einem Produkt

Stunde	Warengruppe	Artikelgruppe	Artikel (Metriken)	Anzahl Probanden	Anzahl Probanden (Sort gesamt gef.)	Anzahl Probanden (Sort Filt. ignorieren)	Anteil Probanden an gesamt gef.	Anteil Probanden an Filt. ignorieren
	Fruchtaufstrich	Belroyal	BR-Erdbeer	1	23	70	4,35%	1,43%
			BR-Aprikose	1	23	70	4,35%	1,43%
30.06.2002 00:00:00	Süße Cremes	Nusspli	Nusspli	1	31	70	3,23%	1,43%
		Belmandel	Belmandel	3	31	70	9,68%	4,29%
	Plaumenmuß	Pflaumenmuß	Aachener Pflümli	1	3	70	33,33%	1,43%
			BR-Erdbeer	1	23	70	4,35%	1,43%
	Fruchtaufstrich	Belroyal	BR-Kiwi	1	23	70	4,35%	1,43%
30.06.2002 12:00:00			BR-Himbeer	1	23	70	4,35%	1,43%
			BR-Aprikose	1	23	70	4,35%	1,43%
	Süße Cremes	Nusspli	Nusspli	1	31	70	3,23%	1,43%
		Belmandel	Belmandel	2	31	70	6,45%	2,86%
30.06.2002 13:00:00	Konfitüre	Frühstückskonfiture	FK-Erdbeer	3	24	70	12,50%	4,29%
			FK-Erdbeer	2	24	70	8,33%	2,86%
			FK-Sauerkirsch	1	24	70	4,17%	1,43%
	Konfitüre	Frühstückskonfiture	FK-Ananas	2	24	70	8,33%	2,86%
			FK Brombeer	1	24	70	4,17%	1,43%
30.06.2002 14:00:00			FK Himbeer	2	24	70	8,33%	2,86%
		Belfrutta	BF-Aprikose	1	24	70	4,17%	1,43%
	Fruchtaufstrich	Belroyal	BR-Erdbeer	1	23	70	4,35%	1,43%
			BR-Kiwi	2	23	70	8,70%	2,86%
	Süße Cremes	Belmandel	Belmandel	1	31	70	3,23%	1,43%
		Frühstückskonfiture	FK Erdbeer	7	24	70	29,17%	10,00%
			FK Himbeer	1	24	70	4,17%	1,43%
			BF-Aprikose	4	24	70	16,67%	5,71%
	Konfitüre		BF-Erdbeer	2	24	70	8,33%	2,86%
		Belfrutta	BF-Heidelbeer	2	24	70	8,33%	2,86%
30.06.2002 15:00:00			BF-Schwarzkirsch	5	24	70	20,83%	7,14%
			BF Waldfrucht	1	24	70	4,17%	1,43%
			BF PinkGrapefruit	1	24	70	4,17%	1,43%
			BR-Erdbeer	2	23	70	8,70%	2,86%
	Fruchtaufstrich	Belroyal	BR-Kiwi	1	23	70	4,35%	1,43%
			BR-Himbeer	3	23	70	13,04%	4,29%
			BR-Erdbeer	6	23	70	26,09%	8,57%
30.06.2002 17:00:00	Fruchtaufstrich	Belroyal	BR Kiwi	2	23	70	8,70%	2,86%
			BR Himbeer	2	23	70	8,70%	2,86%
			BR-Aprikose	2	23	70	8,70%	2,86%
			BR-Erdbeer	5	23	70	21,74%	7,14%
	Fruchtaufstrich	Belroyal	BR-Kiwi	1	23	70	4,35%	1,43%
			BR-Himbeer	1	23	70	4,35%	1,43%
30.06.2002 18:00:00			BR Aprikose	2	23	70	8,70%	2,86%
	Süße Cremes	Nusspli	Nusspli	2	31	70	6,45%	2,86%
		Belmandel	Belmandel	3	31	70	9,68%	4,29%
	Plaumenmuß	Pflaumenmuß	Aachener Pflümli	2	3	70	66,67%	2,86%

Abbildung 42: Exemplarischer Bericht zur Beschäftigung mit Produkten

7 Empirischer Feldtest und Auswertung

Zum Ende der Laufzeit des BENEVIT-Projektes erfolgte im Zeitraum vom 24.06. bis 09.08.2002 ein Feldtest zur Validierung des Gesamtsystems. Die Rekrutierung der Teilnehmer erfolgte über die Internetseite der Zentis GmbH & Co. KG und die Startseite des Lehrstuhls für Wirtschaftsinformatik und Operations Research der RWTH-Aachen, wobei die Seite der Zentis GmbH & Co. KG mit der der RWTH-Aachen verlinkt wurde.

Bevor der Eintritt in den VR-Supermarkt erfolgen konnte, musste von jedem Teilnehmer ein Online-Fragebogen ausgefüllt werden und ein spezielles Plug-In heruntergeladen werden, mit dessen Hilfe der VR-Supermarkt geöffnet werden konnte.

In dem Fragebogen wurden zum einen technische Daten erfragt wie z.B. zur Geschwindigkeit des Rechners und der Internet-Verbindung. Zum anderen wurden soziodemografische Daten wie Familienstand, Alter und Geschlecht erfragt.

Im Folgenden werden die Daten, die während des Feldtests im Rahmen des BENEVIT-Projektes vom 24.06. bis 09.08.2002 gesammelt wurden, ausgewertet. Diese werden nach folgenden Bereichen getrennt beschrieben:

- Technische Daten zu den Besuchern der Startseite (Abschnitt 7.1)
- Ergebnisse der Fragebögen (Abschnitt 7.2)
- Ergebnisse der Fragebögen der Supermarkt-Besucher (Abschnitt 7.3)
- Ergebnisse zum Kaufverhalten im Supermarkt (Abschnitt 7.4).

Insgesamt wurde die Seite 670 Mal aufgerufen. 173 Personen haben den Fragebogen ausgefüllt, was 25,8% der gesamten Aufrufe entspricht. Der Supermarkt wurde von insgesamt 54 Personen besucht, dies entspricht 31% der Personen, die den Fragebogen ausgefüllt haben.

Seitenaufrufe insgesamt	670	100%
Ausgefüllte Fragebogen	173	25,8%
Besucher des Supermarktes[140]	54	31%

Tabelle 11: Besucher der Internetseite bzw. des Supermarktes

[140] Es wurden nur Besucher mit mehr als einem geloggten Event berücksichtigt.

7.1 Technische Daten der Besucher der Startseite

7.1.1 Genutzte Provider

Fast die Hälfte aller Besucher der Startseite nutzten T-Online als Provider. Die genaue Verteilung ist Abbildung 43 zu entnehmen, wobei „n.n." auf nicht identifizierbare Provider verweist.

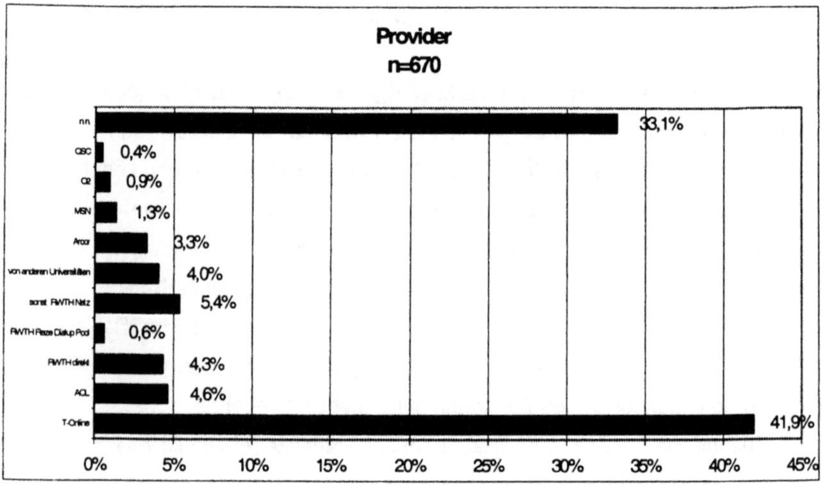

Abbildung 43: Genutzter Provider aller Besucher der Internetseite

7.1.2 Genutzte Betriebssysteme

Fast 70% aller identifizierten Betriebssysteme entstammen dem Hause Microsoft. Beachtlich erscheint jedoch auch, dass Linux mit 11,5% auf eine gewisse Verbreitung schließen lässt (s. Abbildung 44).

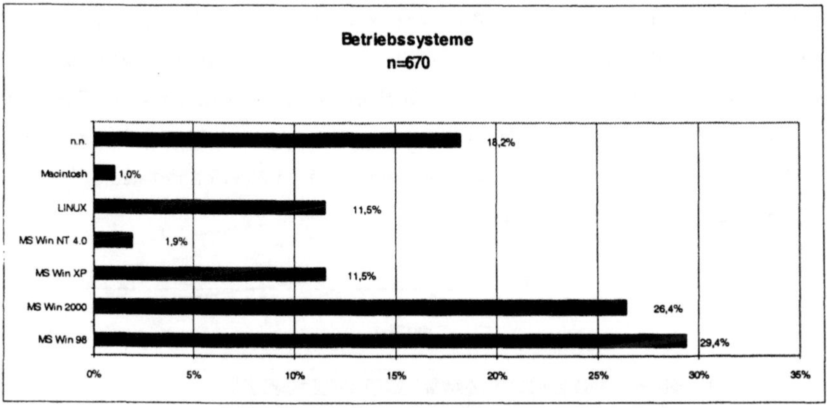

Abbildung 44: Genutztes Betriebssystem aller Besucher der Internetseite

7.1.3 Genutzte Browser

Der Internet Explorer ist wie erwartet der unter den Besuchern verbreitetste Browser (s. Abbildung 45).

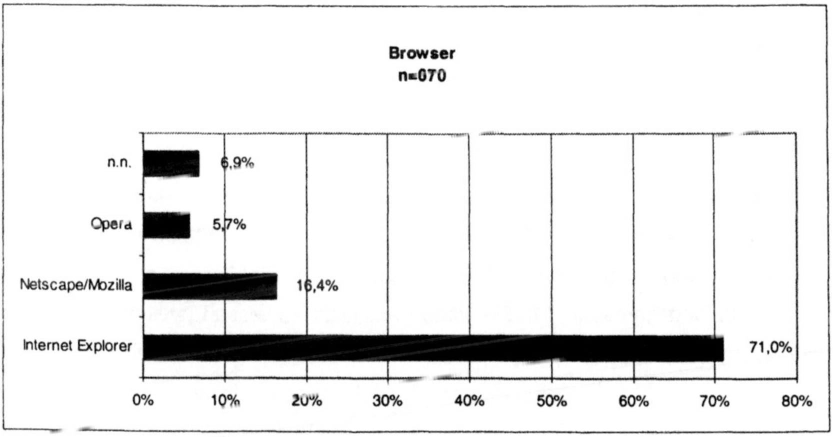

Abbildung 45: Genutzter Browser aller Besucher der Internetseite

7.2 Ergebnisse der ausgefüllten Fragebögen

7.2.1 Technische Daten

7.2.1.1 Taktrate des Rechners

Die Auswertung aller beantworteten Fragebogen hat ergeben, dass 25,43% der Personen einen Rechner mit 500 – 1000 Mhz verwendet haben. Weitere 23,70% verwendeten einen Rechner mit 100 – 500 Mhz. 20,81% der Probanden wussten nicht, welche Geschwindigkeit ihr Rechner hat. Weitere 16,76% benutzten einen Computer mit einer Taktrate zwischen 1000 und 1500 Mhz. Lediglich 7,51% gaben an, einen Rechner mit mehr als 1500 Mhz zu verwenden und 4,61% haben keine Angaben über die Geschwindigkeit gemacht.

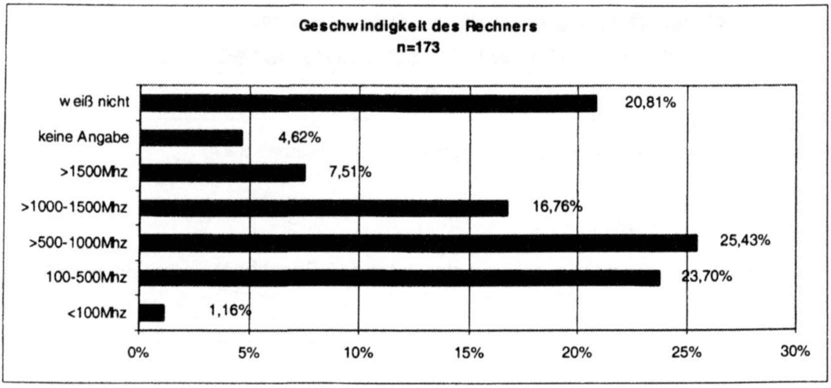

Abbildung 46: Geschwindigkeit des Rechners aller ausgefüllten Fragebögen

7.2.1.2 Geschwindigkeit der Verbindung ins Internet

Der größte Teil der 173 Teilnehmer hat eine Lan[141] 1 Mbit- oder schnellere Verbindung ins Internet. Ihr Anteil beträgt 36,42%. Weitere 20,81% nutzen eine Dsl[142] 768 kbit/s-Verbindung. 17,91% haben keine Angaben über die Geschwindigkeit ihrer Internetverbindung gemacht. 14,45% gaben an, nicht zu wissen, welche Internetverbindung sie haben. Lediglich 6,94% verwendeten ein Modem mit 56 kbit/s.

---

[141] Lan: Local area network

[142] Dsl: Digital subscriber line

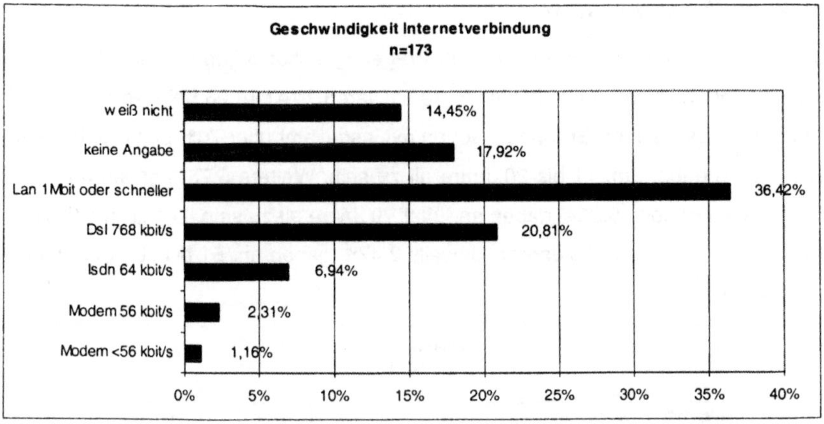

Abbildung 47: Geschwindigkeit der Internetverbindung aller ausgefüllten Fragebögen

7.2.2 Soziodemographische Daten

7.2.2.1 Angaben zum Familienstand

Der größte Teil (58,96%) der 173 Personen, die den Fragebogen ausgefüllt haben, gab als Familienstand „ledig" an. 27,75% der Teilnehmer gaben an, verheiratet zu sein. 9,83% haben keine Angaben zum Familienstand gemacht. Jeweils 1,73% der Probanden gaben an, verwitwet bzw. geschieden zu sein.

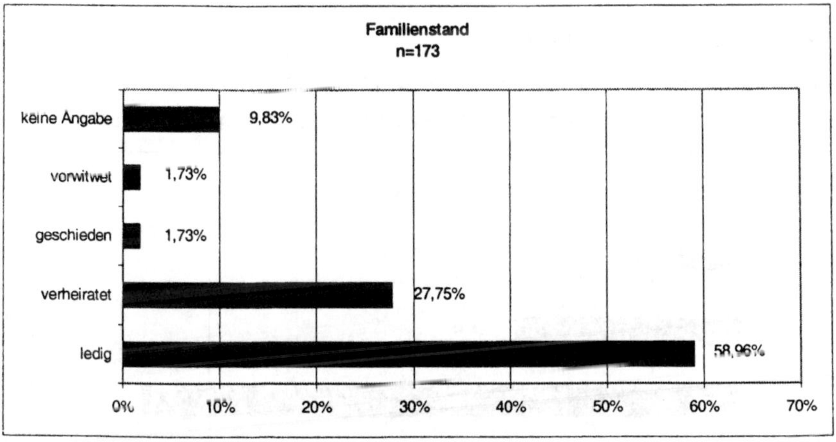

Abbildung 48: Familienstand aller ausgefüllten Fragebögen

7.2.2.2 Angaben zum Alter

Die Auswertung aller 173 ausgefüllten Fragebogen hat ergeben, dass 43,93% der teilnehmenden Personen 21 bis 30 Jahre alt waren. Weitere 26,59% waren 31 bis 40 Jahre alt. Diese beiden Gruppen machen mit insgesamt über 70% den größten Anteil aus. 7,51% gaben an, 11 bis 20 Jahre alt zu sein. Weitere 5,78% gaben an, 41 bis 50 Jahre alt zu sein. 5,20% gaben an, über 70 Jahre alt zu sein. Lediglich 4,05% waren im Alter von 51 bis 60 Jahren. Jeweils 3,47% gaben an, 61 bis 70 bzw. unter 10 Jahre alt zu sein.

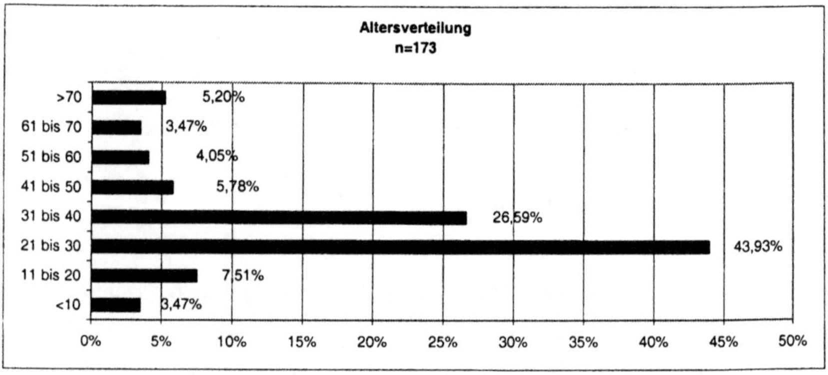

Abbildung 49: Altersverteilung aller ausgefüllten Fragebögen

7.2.2.3 Angaben zum Geschlecht

Überwiegend männliche Personen (67,63%) haben an dem Feldtest teilgenommen. Lediglich 25,43% waren weiblich, und 6,94% haben keine Angaben gemacht.

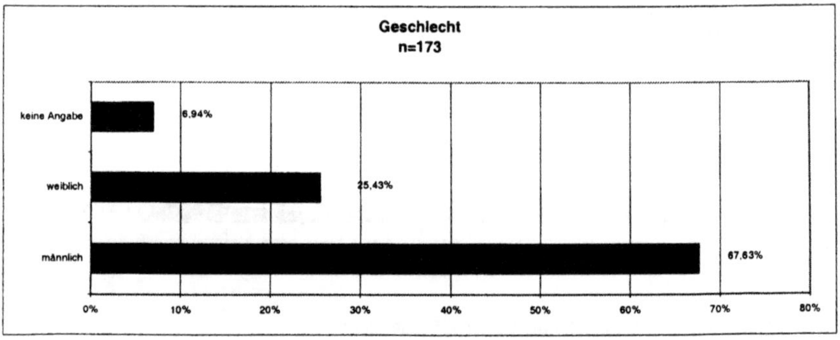

Abbildung 50: Geschlecht aller ausgefüllten Fragebögen

7.3 Ergebnisse der Fragebögen der Supermarkt-Besucher

7.3.1 Technische Daten

7.3.1.1 Taktrate des Rechners

Von den 54 Personen, die nach dem Ausfüllen des Fragebogens auch den VR-Supermarkt besucht haben, gaben 37,04% an, dass die Geschwindigkeit ihres Rechners zwischen 500 und 1000 Mhz liege. Weitere 29,63% hatten einen Rechner mit einer Taktrate von 1000 bis 1500 Mhz, 11,11% sogar mit über 1500 Mhz. 9,26% verwendeten einen Rechner mit einer Geschwindigkeit zwischen 100 und 500 Mhz. 7,41% wussten nicht, welche Geschwindigkeit ihr Rechner hat, und 3,70% machten keine Angabe. Lediglich 1,85% verwendeten einen Computer mit einer Taktrate unter 100 Mhz.

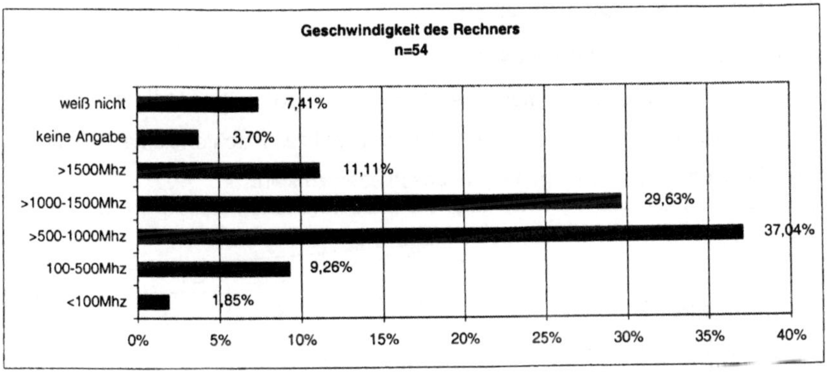

Abbildung 51: Geschwindigkeit der Rechner der Supermarktbesucher

7.3.1.2 Geschwindigkeit der Verbindung ins Internet

Wie die folgende Abbildung zeigt, hatten 57,41% der Supermarktbesucher eine Dsl 768 kbit/s-Internetverbindung. 20,37% konnten eine Lan 1 Mbit- oder schnellere Verbindung nutzen. Weitere 12,96% der Besucher hatten eine Isdn 64 kbit/s-Verbindung. 5.56% machten keine Angaben über die Geschwindigkeit des genutzten Internetzugangs. Jeweils 1,85% benutzten ein 56 kbit/s-Modem oder ein Modem mit weniger als 56 kbit/s.

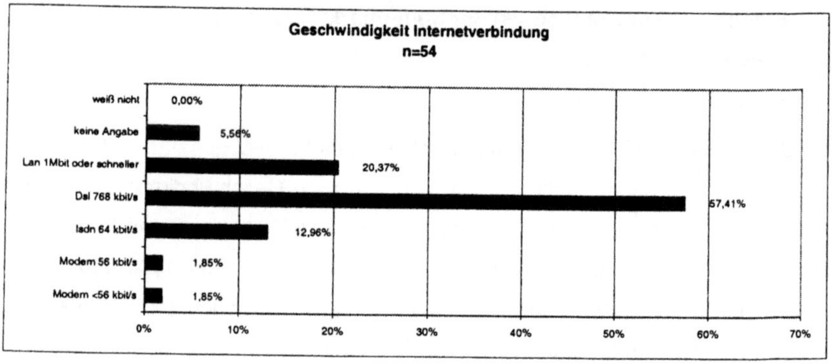

Abbildung 52: Geschwindigkeit der Internetverbindung der Supermarktbesucher

7.3.2 Soziodemographische Daten

7.3.2.1 Angaben zum Familienstand

Insgesamt 56,26% der Supermarktbesucher waren ledig. Weitere 24,07% gaben an, verheiratet zu sein. Jeweils 7,41% waren verwitwet bzw. machten keine Angaben zu ihrem Familienstand. 1,85% gaben an, geschieden zu sein.

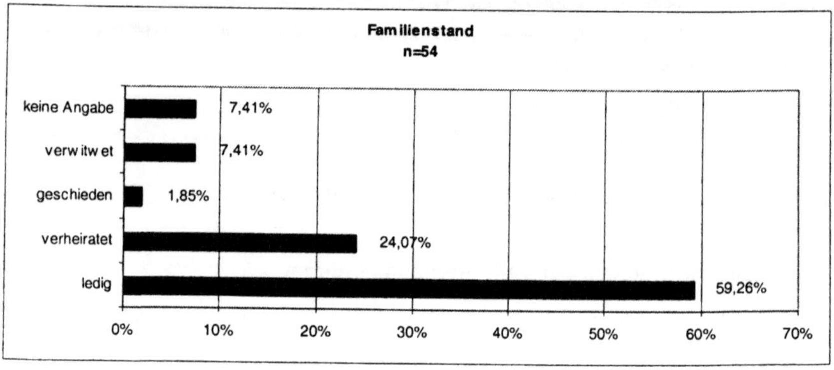

Abbildung 53: Familienstand der Supermarktbesucher

7.3.2.2 Angaben zum Alter

Die Hälfte der Besucher waren 21 bis 30 Jahre alt. Den nächst größeren Anteil machen die 31 bis 40 jährigen mit 22,22% aus. Aus allen weiteren Altersgruppen bis auf die 11 bis 20 jährigen (3,70%) und die über 70 jährigen (1.85%) haben jeweils 5,56% den Supermarkt besucht.

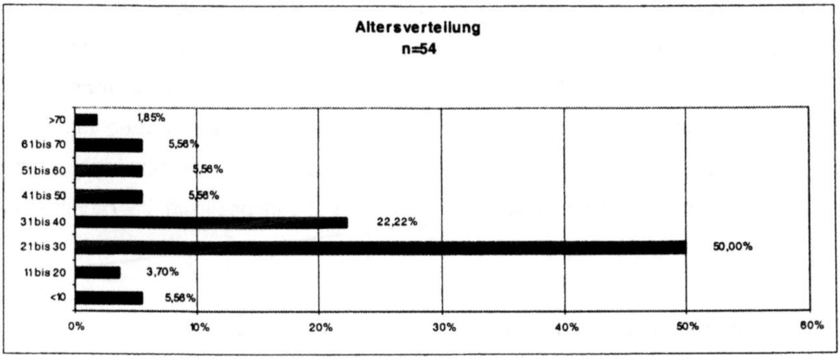

Abbildung 54: Altersverteilung der Supermarktbesucher

7.3.2.3 Angaben zum Geschlecht

72,22% der 54 Besucher des Supermarktes waren männlich. Lediglich 22,22% der Besucher waren weiblich, und 5,56% haben keine Angaben zum Geschlecht gemacht.

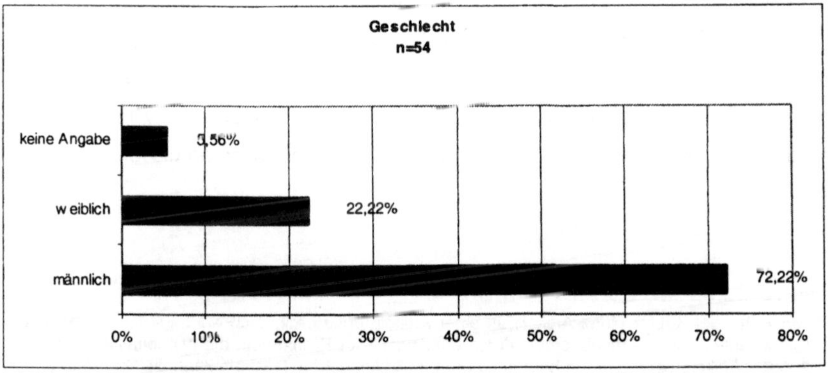

Abbildung 55: Geschlecht der Supermarktbesucher

7.4 Ergebnisse zum Kaufverhalten im Supermarkt

In diesem Teil erfolgt die Auswertung der Daten, die in der Zeit gesammelt wurden, als sich die Probanden im Virtuellen Supermarkt befanden. Insgesamt haben während der Laufzeit des Feldtests vom 24.06. bis 09.08.2002 an der Sammlung von Kaufdaten 54 Personen teilgenommen.

Im Supermarkt bestand die Möglichkeit, aus vier verschiedenen Warengruppen auszuwählen. Diese unterteilen sich noch in verschiedene Artikelgruppen, welche wiederum verschiedene Artikel beinhalten. In den folgenden Abschnitten werden jedoch wegen der Ausdrucksmächtigkeit nur drei Warengruppen näher betrachtet. Diese werden im Sinne der Aggregation bzw. Verdichtung erst artikelbezogen, dann artikelgruppenbezogen und abschließend warengruppenspezifisch im Hinblick auf die Kaufdaten ausgewertet (vgl. 6.3.1).

7.4.1 Artikelbezogene Kaufdaten

Die artikelbezogenen Kaufdaten finden sich in Abbildung 56. In der ersten Warengruppe, die der *Fruchtaufstriche*, wurde die Artikelgruppe *Belroyal* (BR) mit den Artikeln *BR-Erdbeer*, *-Kiwi*, *-Himbeer* und *-Aprikose* angeboten.

BR-Erdbeer und *BR-Kiwi* wurden von jeweils 19% der Probanden gekauft. *BR-Himbeer* wurde von 13% und *BR-Aprikose* von 15% gekauft.

Sowohl für *BR-Erdbeer* als auch für *BR-Kiwi* ergibt sich der Anteil der Käufer an der Artikelgruppe zu 40%.[143] Der Anteil der Käufer dieser beiden Artikel an der Warengruppe ergibt sich ebenfalls jeweils zu 40%. 90% der Käufer von *BR-Erdbeer* und 70% der Käufer von *BR-Kiwi* zeigten zuvor Interesse[144] an dem jeweiligen Produkt.

13% der Probanden kauften den Artikel *BR-Himbeer*. Demnach ergibt sich der Anteil der Käufer dieses Artikels an der Artikel- und Warengruppe zu 28%. 70% derjenigen, die diesen Artikel kauften bekundeten zuvor auch ihr Interesse an diesem.

[143] Der Anteil der Käufer eines Artikels an einer Artikelgruppe ergibt sich wie folgt: Anzahl der Käufer (nicht Käufe!) eines Artikels geteilt durch die Anzahl der Probanden, die mindestens einen Artikel aus der Artikelgruppe gekauft haben, zu der der Artikel gehört. Deshalb kann die Summe ggf. auch größer als 100% sein, da ein Käufer mehrere Artikel derselben Artikelgruppe gekauft haben kann. Analoges gilt für die anderen ähnlich vergleichenden Kennzahlen.

[144] Interessenten sind Personen, die sich mit dem Artikel beschäftigt haben, d.h. diesen gedreht und/oder herausgezogen haben.

Weitere 15% der Probanden kauften den Fruchtaufstrich *BR-Aprikose*. Der Anteil der Käufer von *BR-Aprikose* an der Artikel- und Warengruppe ergibt sich zu jeweils 32%. Alle Käufer dieses Artikels waren zuvor auch Interessenten dieses Artikels.

In der zweiten Warengruppe, den *Süßen Cremes*, wurden in zwei Artikelgruppen, *Nusspli* und *Belmandel*, jeweils ein Artikel angeboten, welche ebenfalls *Nusspli* und *Belmandel* heißen.

Nusspli wurde von 48% und *Belmandel* von 44% der Probanden gekauft. Da hier Artikel und Artikelgruppe jeweils identisch sind, ergibt sich für beide Artikel der gleiche Anteil an der Artikelgruppe, nämlich 100%. 67% der Käufer in der Warengruppe der *süßen Cremes* kauften *Nusspli*, 62% kauften *Belmandel*. *Nusspli* wurde von 31% und *Belmandel* von 12% der Käufer ohne vorheriges Interesse an dem jeweiligen Produkt, gekauft.

Die dritte Warengruppe besteht aus einer Artikelgruppe mit einem Artikel, dem *Aachener Pflümli*. Dies wurde von insgesamt 28% der Probanden gekauft. Der Anteil der Käufer von *Aachener Pflümli* an der Artikel- und Warengruppe *Pflaumenmus* beträgt jeweils 100%. 100% der Käufer von *Aachener Pflümli* hatten zuvor auch Interesse an diesem.

Warengruppe	Artikelgruppe	Artikel	Anzahl Käufer pro Artikel	Anteil Käufer Artikel - Probandenanzahl	Anteil Käufer Artikel - Artikelgruppe	Anteil Käufer Artikel - Warengruppe	Anzahl Käufer und Interessent pro Artikel	Anteil Käufer und Interessent Artikel - Käufer Artikel
		BR Erdbeer	10	19%	40%	40%	9	90%
Fruchtaufstrich	Belroyal	BR Kiwi	10	19%	40%	40%	7	70%
		BR Himbeer	7	13%	28%	28%	5	71%
		BR Aprikose	8	15%	32%	32%	8	100%
Süße Cremes	Nusspli	Nusspli	26	48%	100%	67%	18	69%
	Belmandel	Belmandel	24	44%	100%	62%	21	88%
Pflaumenmus	Pflaumenmus	Aachener Pflümli	15	28%	100%	100%	15	100%

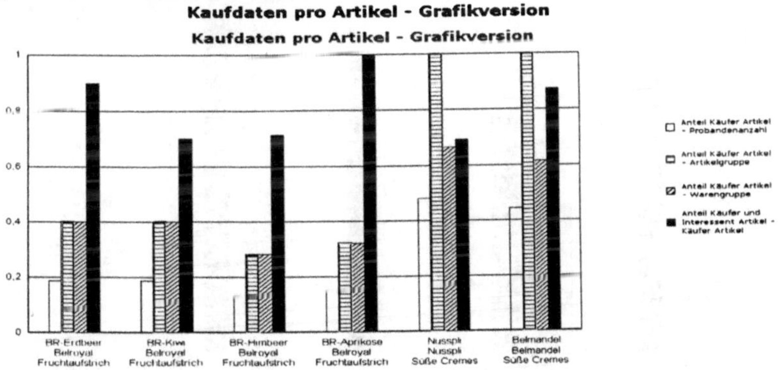

Abbildung 56: Kaufdaten pro Artikel

7.4.2 Artikelgruppenbezogene Kaufdaten

Die artikelgruppenbezogenen Kaufdaten sind in der Abbildung 57 dargestellt. 46% der Probanden waren Käufer der Artikelgruppe *Belroyal*. 100% der Warengruppe Fruchtaufstrich wurden von Käufern der Artikelgruppe *Belroyal* gekauft. 84% der Käufer der Artikelgruppe *Belroyal* bekundeten zuvor auch Interesse an dieser Artikelgruppe.

48% der Probanden waren Käufer der Artikelgruppe *Nusspli* und 44% der Artikelgruppe *Belmandel*. 67% der Warengruppe *Süße Cremes* wurden von Käufern der Artikelgruppe *Nusspli* und 62% von Käufern der Artikelgruppe *Belmandel* gekauft. 69% der Käufer der Artikelgruppe *Nusspli* zeigten zuvor auch Interesse an dieser Artikelgruppe. Bei der Artikelgruppe *Belmandel* waren es sogar 88%.

28% der Probanden waren Käufer der Artikelgruppe *Pflaumenmus*. 100% der Warengruppe *Pflaumenmus* wurde von Käufern der Artikelgruppe *Pflaumenmus* gekauft, und 100% der Käufer der Artikelgruppe *Pflaumenmus* bekundeten zuvor auch ihr Interesse an dieser Artikelgruppe.

Warengruppe	Artikelgruppe	Metriken: Anzahl Käufer pro Artikelgruppe	Anteil Käufer Artikelgruppe - Probandenanzahl	Anteil Käufer Artikelgruppe - Warengruppe	Anzahl Interessenten Artikelgruppe	Anteil Käufer und Interessent Artikelgruppe - Käufer Artikelgruppe
Fruchtaufstrich	Belroyal	25	46%	100%	21	84%
Süße Cremes	Nusspli	26	48%	67%	18	69%
	Belmandel	24	44%	62%	21	88%
Pflaumenmus	Pflaumenmus	15	28%	100%	15	100%

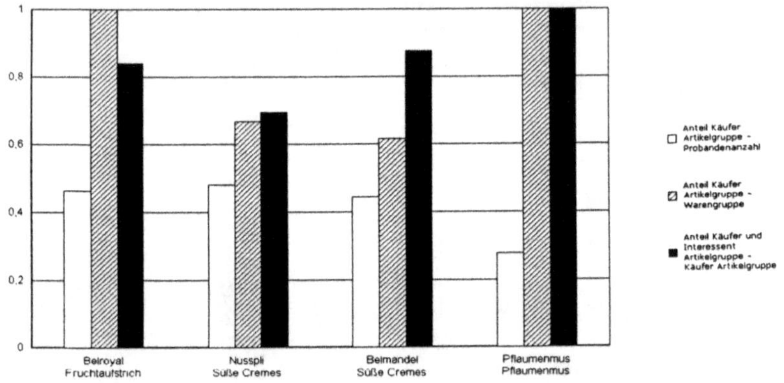

Abbildung 57: Kaufdaten pro Artikelgruppe

7.4.3 Warengruppenspezifische Kaufdaten

46% der Probanden sind Käufer der Warengruppe *Fruchtaufstrich*, 72% sind Käufer der Warengruppe *Süße Cremes* und 28% sind Käufer der Warengruppe *Pflaumenmus*. 84% der Interessenten von *Fruchtaufstrich*, 85% von *Süße Cremes* und 100% von *Pflaumenmus* sind auch Käufer der jeweiligen Warengruppe. Diese Daten finden sich grafisch in der Abbildung 58.

Metriken / Warengruppe	Anzahl Käufer pro Warengruppe	Anteil Käufer Warengruppe - Probandenanzahl	Anzahl Käufer und Interessent pro Warengruppe	Anteil Käufer und Interessent Warengruppe - Käufer Warengruppe
Fruchtaufstrich	25	46%	21	84%
Süße Cremes	39	72%	33	85%
Pflaumenmus	15	28%	15	100%

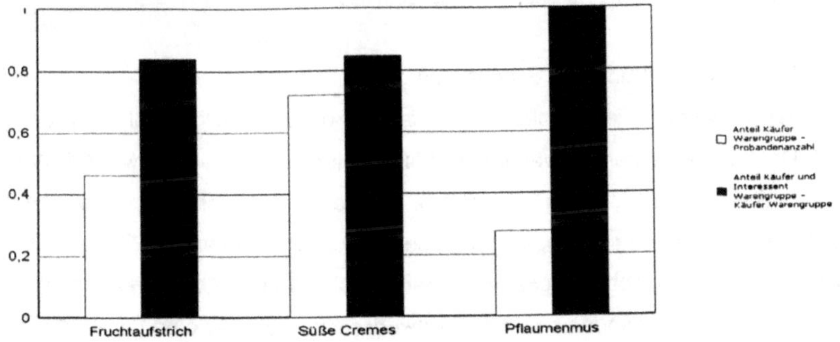

Abbildung 58: Kaufdaten pro Warengruppe

7.4.4 Durchschnittliche Beschäftigungsdauer

Am längsten, im Mittel 36 Sekunden, beschäftigten sich die Probanden mit *BR-Erdbeer*. 32 Sekunden beschäftigten sich die Probanden mit *FK-Ananas* und am drittlängsten, 29 Sekunden, mit *BF-Schwarzkirsch*. 25 Sekunden sind bzgl. *BF-Waldfrucht* zu vermerken. Am kürzesten, nur 4 Sekunden, beschäftigten sich die Probanden mit *FK-Erdbeer* und *BR-Kiwi* (s. Tabelle 12).

Warengruppe	Artikelgruppe	Artikel	Durchschnittliche Beschäftigungsdauer
Konfitüre	Frühstückskonfitüre	FK-Erdbeer	4
		FK-Sauerkirsch	16
		FK-Ananas	32
		FK-Brombeer	7
		FK-Himbeer	14
	Belfrutta	BF-Aprikose	7
		BF-Erdbeer	6
		BF-Heidelbeer	17
		BF-Schwarzkirsch	29
		BF-Waldfrucht	25
		BF-PinkGrapefruit	5
Fruchtaufstrich	Belroyal	BR-Erdbeer	36
		BR-Kiwi	4
		BR-Himbeer	7
		BR-Aprikose	8
Süße Cremes	Nusspli	Nusspli	10
	Belmandel	Belmandel	9
Pflaumenmus	Pflaumenmus	Aachener Pflümli	9

Tabelle 12: Durchschnittliche Beschäftigungsdauer in sec

7.5 Zusammenfassung der Ergebnisse

Von allen Besuchern der Homepage wurde überwiegend T-Online als Provider genutzt. Das am häufigsten verwendete Betriebssystem aller Besucher war MS Win 98 neben MS Win 2000. Von über 70% wurde der Internet Explorer als Browser genutzt. Die Auswertung der Fragebogen hat ergeben, dass die meisten Personen einen Rechner mit einer Geschwindigkeit von über 500 bis 1000 Mhz verwendet haben.

Die Mehrheit der Probanden benutzten entweder eine Dsl oder eine Lan-Verbindung ins Internet. Hierbei ist interessant, dass lediglich 20,81% aller Personen, die den Fragebogen ausgefüllt haben, eine Dsl-Verbindung nutzten und 36,42% eine Lan-Verbindung. Bei den Personen, die außerdem den Supermarkt besuchten, war die Verteilung umgekehrt: 57,41% nutzten eine Dsl- und lediglich 20,37% eine Lan-Verbindung.

Insgesamt haben überwiegend ledige, männliche Personen im Alter von 21 bis 40 Jahren an diesem Feldtest teilgenommen.

Die Auswertung der Kaufdaten bezogen auf den Artikel hat gezeigt, dass der größte Teil der Probanden (48%), Käufer des Artikels *Nusspli* waren. Bezogen auf die Artikelgruppe wurden die Artikel *BR-Erdbeer* und *BR-Kiwi* mit jeweils 40% am häufigsten gekauft. Weiterhin ist interessant, dass der Artikel *Nusspli* mit 67% am häufigsten in der Warengruppe der *Süßen Cremes* gekauft wurde. Dieser Artikel scheint auch am bekanntesten zu sein, da dieser von 31% der Käufer gekauft wurde, ohne dass diese zuvor Interesse hierfür zeigten. Am unbekanntesten scheint der Artikel *BR-Aprikose* zu sein, da dieser nur gekauft wurde, nachdem dieser betrachtet oder in einer anderen Weise Interesse für diesen bekundet wurde.

Die Betrachtung der Kaufdaten pro Artikelgruppe hat ergeben, dass in der Warengruppe der *Süßen* Cremes die Artikelgruppe *Nusspli* den größten Anteil Käufer auf sich vereint. Diese scheint ebenso wie der Artikel zuvor die bekannteste zu sein. Am unbekanntesten ist die Artikelgruppe *Pflaumenmus.* In dieser wurde nur gekauft, nachdem Käufer Interesse an der Artikelgruppe zeigten. Außerdem wurde von der Artikelgruppe *Pflaumenmus* mit 28% am wenigsten gekauft.

Die Auswertung der warengruppenspezifischen Kaufdaten hat gezeigt, dass die *Süßen Cremes* die am häufigsten gekaufte und *Pflaumenmus* die am seltensten gekaufte Warengruppe ist.

8 Resümee und Ausblick

Die Befragung kleiner und mittelständischer Unternehmen (KMU) hat deren Interesse und Bedarf an Marktforschung und Probandenbeobachtung in Virtuellen Internetwelten aufgezeigt. Bislang gibt es hierzu kaum praktische Einsätze und Erfahrungen; auch Ergebnisse theoretischer Untersuchungen sind kaum publiziert.

Mit dem Projekt BENEVIT wurde ein theoretisch wie auch praktisch nutzbares konzeptionelles Rahmenwerk geschaffen, das

- einen modularen Standard zur Erfassung marktforschungsrelevanter Konsumentenaktivitäten enthält,
- adaptierbar, erweiterbar und transparent ist,
- implementierungsunabhängig ist, aber auch
- im Rahmen der Realisierung eines Gesamtmarktforschungssystems seine technische Umsetzbarkeit demonstriert hat.

Insbesondere kleinen und mittelständischen Unternehmen eröffnet die marktforscherische und technische Flexibilität des BENEVIT-Standards die Möglichkeit, im Internet kostengünstig 3D-Supermärkte zu erstellen (oder erstellen zu lassen), die eine orts- und zeitunabhängige, unternehmensindividuelle Marktforschung gestatten.

Mit dem BENEVIT-Projekt ist jedoch nur eine erste Etappe einer Reise zu einer etablierten Marktforschung mit 3D-Internetwelten durchgeführt. Es lassen sich zumindest im informatischen/technischen, im marktforscherischen und im betriebswirtschaftlich begleitenden Umfeld Aufgabenstellungen identifizieren, deren konkrete Ausprägungen sich den Autoren erst bei der Projektdurchführung zeigten.

Technologische Restriktionen ergeben sich derzeit zum einen bei der Übertragungsrate bzw. der nutzbaren Bandbreite, die den Probanden zur Verfügung stehen. Ein mehrere Megabyte großer Supermarkt bedarf auf der Probandenseite zumindest eines DSL-Anschlusses, damit eine akzeptable Übertragungszeit möglich ist. Ferner werden auf der Hardwareseite der Probanden hohe Anforderungen an Prozessor und Grafikkarte gestellt. Diese Phänomene gilt es bei der Gestaltung des Supermarkts zu berücksichtigen, auch wenn sie temporären Charakter haben. Um die Akzeptanz Virtueller 3D-Umgebungen seitens der Konsumenten zu erhalten, ist neben der raschen Übertragung und Ausführung auch eine ergonomisch intuitive Bedienbarkeit und Navigierbarkeit erforderlich. Welche konkreten Wünsche und Erwartungen die Nutzer haben, ist bislang unbekannt.

Was die Erstellung des Supermarkts anbetrifft, stehen zwar Autorenwerkzeuge zur Verfügung, die die Generierung beliebiger Virtueller Welten unterstützen, wünschenswert und hilfreich sind jedoch speziell auf die Marktforschung zugeschnittene Werkzeuge, mit denen sich auf „höherem Abstraktionsniveau" komfortabel Marktforschungsumgebungen bzw. Supermärkte (mit integrierter Sensorik) generieren lassen. Untersuchungsgegenstand sollte ferner die eingesetzte Darstellungssprache (hier VRML) sein. Der (leider nur postulierten) Plattformunabhängigkeit von VRML steht aufgrund der technischen Notwendigkeit der clientseitigen Interpretation eine geringe Performance gegenüber.

Der BENEVIT-Standard ist branchenunabhängig und berücksichtigt daher keine Marktforschungsspezifika bestimmter Branchen. Es ist denkbar, dass hier Unterschiede bei der Relevanz von Probandenaktivitäten auftreten: Lebensmittelverpackungen müssen deutlich lesbar die Ingredienzen enthalten, so dass die Seite der Produktverpackung, die betrachtet wurde, von besonderer Bedeutung ist. Bei CDs und Büchern hingegen ist relevant, ob und welche Hör- bzw. Leseproben gewählt wurden. Branchenspezifisch ist der BENEVIT-Standard auf Spezialisierungen und Adaptierungen hin zu untersuchen.

Um die Validität der Ergebnisse zu erhöhen und gleichzeitig ein weiteres Absatzmedium nutzen zu können, kann die Marktforschungsumgebung auch als Einkaufsstätte fungieren. Die Vertriebsfunktionalität erfordert die Identifizierung der Kunden und die Realisierung von Distribution und Bezahlung. Hingewiesen sei hier auf den zu realisierenden Spagat zwischen kundenidentifizierenden Einkaufsmöglichkeiten und der erforderlichen Anonymisierung von Marktforschungsdaten hinsichtlich rechtlicher Datenschutzregelungen.

Die Nutzung von Data Warehouse- und OLAP-Werkzeugen zur Analyse und Darstellung der Marktforschungsdaten erleichtert einerseits die Entdeckung von marktforschungsrelevanten Zusammenhängen, andererseits sind diese Ansätze in KMU kaum verbreitet. Der Einsatz adäquater OLAP-Werkzeuge ist derzeit auch kostenmäßig problematisch.

Nicht zu vernachlässigen bei der Diffusion von Virtuellen Marktforschungsumgebungen sind die Durchführung erfolgreicher unternehmerischer Pilotprojekte sowie die Generierung von Einführungskonzepten.

Literaturverzeichnis

Alpar, Paul, Kommerzielle Nutzung des Internets, Berlin, 1996.

Altmann, Andreas, Cyberfabriken, in c't 15/98, S. 94 - 97.

Becker, Wilfried, Beobachtungsverfahren in der demoskopischen Marktforschung, Stuttgart, 1973.

Berekoven, Ludwig; Eckert, Werner; Ellenrieder, Peter (1993), Marktforschung: methodische Grundlagen und praktische Anwendung, 6. Aufl., Wiesbaden, 1993.

Berekoven, L./ Eckert, W./ Ellenrieder, P. (1999), Marktforschung, 8. Auflage, Wiesbaden, 1999.

Birkelbach, Jörg, Cyber Finance, Finanzgeschäfte im Internet, Wiesbaden, 1997.

BMWI (Hrsg.), Unternehmensgrößenstatistik 1992/1993, Bonn, 1993.

Boger, Marko, Java in verteilten Systemen, dpunkt Verlag, Heidelberg, 1999.

Burke, R. / Harlam, B. / Kahn, B. / Lodish, L. (1992), Comparing Dynamic Consumer Choice in Real and Computer-simulated Environments, in: Journal of Consumer Research, Vol. 19, June 1992, S. 71-82.

Burke R. (1996), Virtual Shopping: Breakthrough in Marketing Research, in: Harvard Busines Review, March – April 1996, S. 120 – 130.

Determann, L., Modellierung analytischer Informationssysteme, ein Konzept zur multidimensionalen Datenstrukturierung, Wiesbaden, 2002.

Determann, L. / Horstell, J. / Schryen G., Konzeption einer Schnittstelle zur Beobachtung und Analyse von Benutzeraktivitäten in Virtuellen Verkaufswelten, Arbeitsbericht am Lehrstuhl für Wirtschaftsinformatik und Operations Research, Institut für Wirtschaftswissenschaften, RWTH Aachen, 2001, www.rwth-aachen.de/vr.mafo.

Engert, L., Virtual Shopping Adventures, in: Indiana University Research & Creative Activity, Volume XXVI, Number 2, September 1999, www.indiana.edu/~rcapub/v22n2/p30.html, Stand: 07.11.01.

Frühauf, K./ Ludewig, J./ Sandmayr, H.. Software-Projektmanagement und –Qualitätssicherung, Zürich, 1999.

Gadeib, A., "Ansprüche und Entwicklung eines Systems zur Befragung über das World Wide Web", in: Batinic, B. / Graef, L. / Werner, A. / Bandilla, W. (Hrsg.) „Online Research-Methoden, Anwendungen und Ergebnisse", Göttingen, 1999, S. 103 – 111.

Gierl, Heribert, Marketing, Stuttgart, 1995.

GfK Medienforschung, GfK Online Monitor, 7. Untersuchungswelle, 2000/2001, www.gfk.de, Stand: 25.01.02.

Glomb, Herbert J., Lean Marketing durch den Einsatz von interaktiven Multi-Media-Systemen im Marketing-Mix, in: Hünerberg, Reinhard/Heise, Gilbert (Hrsg.): .): Multi-Media und Marketing – Grundlagen und Anwendungen, Wiesbaden 1995, S. 121-139.

Göritz, A./ Reinhold, N./ Batinic, B., Marktforschung mit Online Panels: State of the Art, in: Planung & Analyse 3/2000, S. 62 – 67.

Günther, Martin; Vossebein, Ulrich, Paneldaten – Wesentlicher Bestandteil moderner Marktforschung, in: Planung & Analyse 3/96.

Günther, M. / Vossebein, U. / Wildner R., Martforschung mit Panels: Arten – Erhebung – Analyse – Anwendung, Wiesbaden, 1998.

Hennig, Alexander, Die andere Wirklichkeit – Virtual Reality – Konzepte, Standards, Lösungen, Bonn, 1997.

Hüttner, Manfred (1997), Grundzüge der Marktforschung, 5. Aufl., München, 1997.

Hüttner, Manfred (1999), Grundzüge der Marktforschung, 6. Aufl., München, 1999.

Kimball, R.: The Data warehouse lifecycle toolkit: expert methods for designing, developing, and deploying data warehouses; John Wiley & Sons, Inc.; New York, Weinheim, 1998,

Kloss, Jörg/ Rockwell, Robert/ Szabó Kornél/ Duchrow, Martin, VRML97, Der neue Standard für interaktive 3D-Welten im World-Wide-Web, Bonn, 1998.

Knapp, F., Produkt- und Konzept-Tests im Internet, in: Planung & Analyse 5/2000, S. 62 – 55.

Kossel, Axel, Einkaufsbummel durchs Netz, Schnell und bequem einkaufen über das Internet, in c´t 11/98, S. 142-144.

Kossel, Axel/ Wronski, Hans-Jürgen, Web-Warenhäuser, Erfolgreich einkaufen im Internet, in: c´t 11/98, S. 146-150.

Marrin, Chris, Proposal for a VRML 2.0 Informative Annex, External Authoring Interface Reference, URL: http://www.vrml.org/WorkingGroups/vrml-eai/ExternalInterface.html.

Nachury, L., Un supermarché numérique pour produits virtuels, in: 01 Informatique n° 1530, 12.02.1999, S. 42.

Needel, S., Marrying Marketing Research And Virtual Reality: Implications For Consumer Research, www.simulationsresearch.com/paper1.html, Stand: 25.01.02.

Nieschlag, Robert, Marketing, 18. Aufl., Berlin, 1997.

Pepels, Werner, Käuferverhalten und Marktforschung, Stuttgart, 1995.

Pepels, W., Auswahlverfahren in der quantitativen Marktforschung, in: Planung & Analyse, 1/1998, S. 47 – 51.

Resch, Jörg, Marktplatz Internet, Unterschleißheim, 1996.

Roßbach, Peter/ Schreiber, Hendrik, Java Server und Servlets, Bonn, 1999.

Salcher, Ernst F., Psychologische Marktforschung, 2. Aufl., Berlin, 1995.

Schrader, Martin/ Schmitt–Thieme, Lars, Java, eine Einführung, Springer, Berlin, 1999.

Schröder, H., Intransparenz und Kaufrisiken beim Electronic Shopping – Was E-Retailer über die Kunden im B2C-Bereich wissen sollten, Arbeitspapier Nr. 9 am Lehrstuhl für Marketing und Handel an der Universität Essen, 2001.

Schryen, G./ Hoven, R. (2002), Analyse und Bewertung internetbasierter und interaktiver Darstellungsmöglichkeiten für 3D-Welten, Arbeitsbericht des Instituts für Wirtschaftswissenschaften der RWTH Aachen, Nr. 02/12, Aachen, 2002.

Schryen, G./ Hoven, R. (2003), Implementierung eines VRML-basierten Supermarktes im Kontext der Online-Marktforschung, Arbeitsbericht des Instituts für Wirtschaftswissenschaften der RWTH-Aachen, Nr. 03/02, Aachen, 2003.

Simulation Research (1999), The Future of Marketing Research Today: URL: <http://www.simulationresearch.com> ff.

Simulation Research (2002), www.simulationresearch.com, Stand: 25.01.02.

Statistisches Bundesamt, www.destatis.de/basis/d/bevoetab.4.htm, Stand: 06.04.02.

Stegmann, M., Die Eignung des Einsatzes Virtueller 3-D Welten für die internetbasierte Marktforschung – Eine empirische Untersuchung, Diplomarbeit zur Erlangung des Grades Diplom-Betriebswirtin, vorgelegt an der Fachhochschule Bielefeld, Fachbereich Wirtschaft, Sommersemester 1999.

Theobald, A., Determinanten des Online Research, in: Planung & Analyse 5/2000, S. 72 – 76.

Treiber, Bernhard, Virtuelles Shopping, in: Planung und Analyse 2/96, S. 34-36.

Virtual Reality Modeling Language (1997), Online im Internet: http://www.vrml.org/Specifications/VRML97/.

Vollert, K., Methodische Probleme in der Panelforschung: Güterkriterien von Paneldaten, in: Planung & Analyse, 5/1996, S. 38 – 41.

Will, C., Die Reise ins Online Wunderland, in: Planung & Analyse, 3/1996, S. 16 – 20.

www.w3c.org, Stand: 30.04.2003.

Zimmermann, M./ Gadeib, A. / Lürken, A., Marktforschung Online – Schöne neue Welt?, in: Planung & Analyse, 2/2001, S. 38 – 43.

Zou, Bo, Multimedia in der Marktforschung, Wiesbaden, 1999.

GPSR Compliance

The European Union's (EU) General Product Safety Regulation (GPSR) is a set of rules that requires consumer products to be safe and our obligations to ensure this.

If you have any concerns about our products, you can contact us on ProductSafety@springernature.com

In case Publisher is established outside the EU, the EU authorized representative is:

Springer Nature Customer Service Center GmbH
Europaplatz 3
69115 Heidelberg, Germany

Batch number: 10815964

Printed by Printforce, the Netherlands